Atração
e seleção
de pessoas

Central de Qualidade — FGV Management
ouvidoria@fgv.br

PUBLICAÇÕES
FGV Management

SÉRIE GESTÃO DE PESSOAS

Atração e seleção de pessoas

2ª edição

Reinaldo Faissal
Antônio Eugênio Valverde Mariani Passos
Márcia da C. Furtado de Mendonça
Walnice Maria da Costa de Almeida

FGV management

FGV EDITORA

ISBN — 978-85-225-0742-9

Direitos desta edição reservados à
EDITORA FGV
Rua Jornalista Orlando Dantas, 37
22231-010 — Rio de Janeiro, RJ — Brasil
Tels.: 0800-021-7777 — 21-3799-4427
Fax: 21-3799-4430
e-mail: editora@fgv.br — pedidoseditora@fgv.br
web site: www.fgv.br/editora

Impresso no Brasil / *Printed in Brazil*

Este livro foi editado segundo as normas do Acordo Ortográfico da Língua Portuguesa, aprovado pelo Decreto Legislativo nº 54, de 18 de abril de 1995, e promulgado pelo Decreto nº 6.583, de 29 de setembro de 2008.

1ª edição — 2005; 1ª reimpressão — 2006; 2ª reimpressão — 2007; 3ª reimpressão — 2008.
2ª edição — 2009; 1ª reimpressão — 2009; 2ª reimpressão — 2010; 3ª reimpressão — 2011; 4ª e 5ª reimpressões — 2012.

Preparação de originais: Ana Paula Dantas e Mariflor Rocha
Editoração eletrônica: FA Editoração Eletrônica
Revisão: Aleidis de Beltran, Fatima Caroni e Marco Antonio Corrêa
Capa: aspecto:design
Ilustração de capa: André Bethlem

Faissal, Reinaldo
Atração e seleção de pessoas / Reinaldo Faissal, Antônio Eugênio Valverde Mariani Passos, Márcia da C. Furtado de Mendonça, Walnice Maria da Costa de Almeida. — 2. ed. — Rio de Janeiro : Editora FGV, 2009.
154p. — (Gestão de pessoas)

Acima do título: Publicações FGV Management.
Inclui bibliografia.

1. Administração de recursos humanos. 2. Pessoal — Seleção. 3. Concorrência 4. Comportamento organizacional. I. Faissal, Reinaldo. II. Passos, Antônio Eugênio Valverde Mariani. III. Mendonça, Márcia da C. Furtado de. IV. Almeida, Walnice Maria da Costa de. V. Fundação Getulio Vargas. VI. FGV Management. VII. Título. VIII. Série.

CDD — 658.3

Aos nossos alunos e aos nossos colegas docentes,
que nos levam a pensar e repensar as nossas práticas.

Sumário

Apresentação 11

Introdução 15

1 | Panorama atual e macrotendências 19

Paradoxos contemporâneos 22

Do departamento de pessoal à gestão estratégica de pessoas 25

O papel do selecionador 29

Garantir a satisfação do cliente 30

Dar suporte à cultura e respeitar os princípios éticos da organizaçao 32

Prover informações confiáveis para a tomada de decisão 33

Contribuir para a construção da responsabilidade social corporativa 39

2 | Competência e construção de vantagem competitiva 41

O que é competência? 42

Competências essenciais 44

Competências organizacionais e competências humanas 46

Customização das competências 50

Mapeamento das competências 52

O saber ocupando lugar 53

Seleção por competências 54

Análise do perfil de competências 59

Uma tendência no que avaliar 62

3 | O processo de atração 65

Mercado de trabalho 66

Por que atração? 67

Estratégias de atração 69

Atração de candidatos externos 69

Atração interna 70

Meios de atração 71

Avaliação da etapa de atração 80

4 | O processo de seleção 83

A triagem 84

A avaliação dos candidatos 88

A decisão final 92

O exame médico 95

Feedback aos participantes 97

Avaliação da seleção 99

5 | As técnicas de seleção 103
Os testes 103
As dinâmicas de grupo 113
A entrevista 121
Verificação de referências 128

6 | A evolução de um processo seletivo 133
O acompanhamento 133
O que você quer ser quando crescer? 134
Quem quer ser consultor? 137
Orientação vocacional e profissional 138
Recolocação de pessoas 142

Conclusão 145

Referências bibliográficas 149

Os autores 153

Apresentação

Este livro compõe as Publicações FGV Management, programa de educação continuada da Fundação Getulio Vargas (FGV).

Instituição de direito privado com mais de meio século de existência, a FGV vem gerando conhecimento por meio da pesquisa, transmitindo informações e formando habilidades por meio da educação, prestando assistência técnica às organizações e contribuindo para um Brasil sustentável e competitivo no cenário internacional.

A estrutura acadêmica da FGV é composta por oito escolas e institutos: a Escola Brasileira de Administração Pública e de Empresas (Ebape), dirigida pelo professor Flavio Carvalho de Vasconcelos; a Escola de Administração de Empresas de São Paulo (Eaesp), dirigida pela professora Maria Tereza Leme Fleury; a Escola de Pós-Graduação em Economia (EPGE), dirigida pelo professor Renato Fragelli Cardoso; o Centro de Pesquisa e Documentação de História Contemporânea do Brasil (Cpdoc), dirigido pelo professor Celso Castro; a Escola de Direito de São Paulo (Direito GV), dirigida pelo professor Ary Oswaldo Mattos Filho; a Escola de Direito do Rio de Janeiro (Direito Rio), dirigida pelo professor Joaquim Falcão; a Escola de Economia de São Paulo (Eesp), dirigida pelo professor Yoshiaki Nakano; o Instituto Brasileiro de Economia (Ibre), dirigido pelo professor Luiz Guilherme Schymura de Oliveira. São diversas unidades com a marca FGV, trabalhando com a mesma filosofia: gerar e disseminar o conhecimento pelo país.

Dentro de suas áreas específicas de conhecimento, cada escola é responsável pela criação e elaboração dos cursos oferecidos pelo Instituto de Desenvolvimento Educacional (IDE), criado em 2003 com o objetivo de coordenar e gerenciar uma rede de distribuição única para os produtos e serviços educacionais da FGV, por meio de suas escolas. Dirigido pelo professor Clovis de Faro e contando com a direção acadêmica do professor Carlos Osmar Bertero, o IDE engloba o programa FGV Management e sua rede conveniada, distribuída em todo o país (ver www.fgv.br/fgvmanagement), o programa de ensino a distância FGV Online (ver www.fgv.br/fgvonline), a Central de Qualidade e Inteligência de Negócios e o Programa de Cursos In Company. Por meio de seus programas, o IDE desenvolve soluções em educação presencial e a distância e em treinamento corporativo customizado, prestando apoio efetivo à rede FGV, de acordo com os padrões de excelência da instituição.

Este livro representa mais um esforço da FGV em socializar seu aprendizado e suas conquistas. Ele é escrito por professores do FGV Management, profissionais de reconhecida competência acadêmica e prática, o que torna possível atender às demandas do mercado, tendo como suporte sólida fundamentação teórica.

A FGV espera, com mais essa iniciativa, oferecer a estudantes, gestores, técnicos — a todos, enfim, que têm internalizado o conceito de educação continuada, tão relevante nesta era do conhecimento — insumos que, agregados às suas práticas, possam contribuir para sua especialização, atualização e aperfeiçoamento.

Clovis de Faro
Diretor do Instituto de Desenvolvimento Educacional

Ricardo Spinelli de Carvalho
Diretor Executivo do FGV Management

Sylvia Constant Vergara
Coordenadora das Publicações FGV Management

Introdução

A finalidade deste livro é sensibilizar o leitor, seja um gestor de empresas, um executor de qualquer atividade ou mesmo um especialista na avaliação de profissionais, para a necessidade de mudança no posicionamento e nas práticas da atração e seleção de pessoas nas organizações.

As constantes mudanças globais influenciaram a sociedade, a economia, a tecnologia e, consequentemente, os negócios, exigindo das organizações grande capacidade de adaptação e a adoção de estratégias eficazes para sustentar vantagens competitivas. Isso todo mundo vê e sente. Capital, tecnologia e matéria-prima não são mais elementos privilegiados para sustentar essas vantagens competitivas.

Vivemos na era da informação. A vantagem competitiva fundamental é a capacidade de converter, criativamente, as informações adequadas em conhecimento que agregue valor às organizações. É este valor agregado pelo conhecimento e pela capacidade de criação que denominamos capital intelectual. E as pessoas, à medida que colocam suas competências a serviço da organização, tornam-se condição necessária para a produção do capital intelectual, permitindo a adoção de estratégias e sua transformação em resultado efetivo.

Mais do que em qualquer outro momento da história das organizações, as pessoas e suas competências estão no centro das atenções. Considerando que é a competência dos empregados a condição essencial para a competitividade das organizações, o processo seletivo para prover tais competências reveste-se de uma importância crucial. Contudo, tal como afirma Drucker (segundo Bueno, 1995), se a contratação de um novo colaborador é uma das mais importantes atividades gerenciais, é também uma das mais negligenciadas.

Para a melhor compreensão desse processo de provisão de competências, constituído pelas práticas de atração e seleção no universo organizacional, dividimos este livro em seis capítulos, além desta introdução e da conclusão.

No primeiro capítulo abordamos o panorama atual e macrotendências, refletindo sobre paradoxos e as transformações, já ocorridas, em andamento ou ainda necessárias, e que impactam ou venham a impactar organizações, modificando o papel e a rotina de especialistas em avaliação de pessoas e profissionais de todas as áreas.

No segundo capítulo tratamos da força motriz das organizações na atualidade, ou seja, as tão requisitadas competências. O que são, como se classificam, quais suas características, onde encontrá-las e como atraí-las. Sem competência hoje as organizações não sobrevivem, mas, para tê-las, é preciso que as ações adotadas pelas organizações sejam um exemplo de competência.

O terceiro capítulo apresenta as estratégias e procedimentos disponíveis e cuidados necessários, para que as organizações possam realizar a atração de candidatos com eficiência e eficácia e contrariar a teoria do magnetismo, tornando-se "ímãs profissionais", onde os iguais se atraem. Organizações competentes atraem profissionais competentes.

O quarto capítulo aborda a etapa da seleção, descrevendo seu desenvolvimento e apontando aspectos que devem ser considerados com bastante atenção. Depois de atrairmos as pessoas, é preciso distingui-las das demais e analisar a adequação do seu perfil de competências com o perfil desejado pela organização.

No quinto capítulo são apresentadas as técnicas de seleção. Fazemos recomendações sobre a adequação de cada uma. Requisitos indispensáveis para sua aplicação estão descritos e exemplificados.

O sexto capítulo aborda a importância de se manter as pessoas competentes, pois não se joga fora uma competência conquistada, ou seja, aquela atraída e selecionada. Da mesma forma, hoje, todo empregado faz parte do banco de talentos da organização e, com uma adequada orientação vocacional e profissional, poderá vir a atender demandas futuras de competência, podendo ser realocado por meio de estratégias internas de atração. A manutenção dessa competência, na relação de troca que tem com a organização, abrange desde o jovem inexperiente até os experientes executivos e consultores. Seja qual for o tipo de vínculo existente, empregatício ou prestação de serviço, manter o relacionamento dessas competências na organização é importante porque as afasta da concorrência.

Esperamos que o roteiro por nós proposto ajude você a compreender a dimensão estratégica do processo de atração e seleção de competências para a criação e manutenção da vantagem competitiva das organizações.

1

Panorama atual e macrotendências

Nenhuma prática de gestão de pessoas pode ser adequadamente compreendida se não levarmos em conta o contexto em que foi engendrada. A compreensão do papel de destaque que os processos de seleção adquirem hoje para a competitividade das organizações requer a análise do atual panorama organizacional, ambiente em que se encontram, tanto as empresas, quanto seus potenciais candidatos. Mas nossos olhos devem, também, estar voltados para as macrotendências, sejam elas econômicas, geopolíticas, sociais. Afinal, as empresas devem estar preparadas para enfrentá-las, para conviver com paradoxos, novos paradigmas e incertezas. É a essa tarefa que nos dedicaremos neste capítulo.

Parece que as mudanças frequentes conclamam por novas definições, de quem somos e do que queremos ser. A globalização nos empurra para sair da inércia, e aprender um, dois, três idiomas; querer ir mais longe, incrementando nossas relações interpessoais e buscando criatividade para enfrentar os desafios atuais e não sucumbir.

A legitimidade de alguns paradigmas começa a cair por terra, a partir de questionamentos, de incertezas, de rearranjos socioeconômicos mundiais e da infinita explosão de informação. Assim, paradigmas são alterados, à medida que convivemos com realidades diametralmente opostas, e nem sempre somos capazes de perceber que é possível uma convivência pacífica entre elas.

O mesmo acontece com valores: transformam-se, mudam de prioridade. Um exemplo é a preocupação com recursos escassos, como a água em nosso planeta, que faz da preservação do meio ambiente um valor e uma ação de responsabilidade social. Há valores éticos hoje considerados padrões irrefutáveis e há novos valores que se incorporam à ética. O objetivo de servir ao bem comum começa a ser legitimado por grandes empresas e movimentos organizados em todos os países.

A produtividade aumenta com tecnologia, informação, estudo contínuo, inovação e mais competências. E mais educação. Sem educação, não há ganhos, não há polivalência, não há diversificação. Caem qualidade e competitividade. As empresas sofrem mutações e os trabalhadores também.

Assim, a realidade atual nos leva a compreender a existência de profundas modificações e novas tendências na organização socioeconômico-ambiental, com desdobramentos nos processos produtivos e de regulação. Veja algumas:

- crescente demanda por conhecimentos, exigindo a criação de mecanismos para tornar esse conhecimento explícito e registrado;
- alteração da cadeia produtiva com desenvolvimento de tecnologias e diferentes rearranjos e redefinição do trabalho — no conteúdo e na forma. A competência das pessoas é posta em destaque;
- intensificação da terceirização e de parcerias. Em vez de contratar indivíduos, contratam-se empresas parceiras e fornecedores;

- diminuição da oferta de empregos. Como boa parte da população já está no mercado informal, haverá menos chance de empregar-se do que de se criar, ou mesmo inventar-se (Demo, 1995) novas oportunidades de trabalho, desde que haja competência para isso;
- inovações tecnológicas convivem, no país, com deficiências do sistema educacional. Caberá à área de gestão de pessoas, se necessário, complementar o desenvolvimento das competências de que precisar;
- aumento da expectativa de vida e prolongamento da vida produtiva. Gradativamente, acaba o preconceito com idade avançada. Experiência passa a ser valor competitivo;
- elevados níveis de pobreza e de desigualdade social, que provocam distinções entre aqueles que obtiveram uma educação privilegiada tanto dos pais, quanto da escola;
- intensificação da pressão da sociedade por maior responsabilidade social das empresas e respeito ao meio ambiente, modificando o perfil do candidato na busca de colocação;
- respeito à diversidade e à ética como valores esperados dos profissionais de atração e seleção.

Todas essas modificações e tendências fazem com que convivamos com novas realidades. O trabalhador, que antes era valorizado por ter uma carteira de trabalho assinada, não perde mais sua honra se deixá-la na gaveta. Conforme Goshal (2000), surge nas relações entre empregador e empregado[1] a exigência de um novo contrato moral de trabalho, que privilegia a ética, é flexível e permeável, e convive com o modelo tradicional do

[1] Optamos por utilizar a definição de empregado encontrada em Lacombe (2004:128), por envolver todos os demais termos que têm sido utilizados pelas organizações. Assim, empregado é a "pessoa física que presta serviço de caráter não eventual a um empregador, sob a dependência dele e mediante uma remuneração periódica em forma de salário".

contrato formal. Esse contrato moral pode ser mais bem entendido se recorremos a Alberoni e Veca (1992:50) que explicam ter na moral sua base em princípios aceitáveis por todos os seres racionais, resultando em um universo de direitos e deveres a partir da liberdade de escolha individual — "a moral torna-se o resultado de um acordo entre seres racionais, um ser emancipado, capaz de escolher o que fazer de si mesmo e artífice da definição das suas metas". Tudo isso de acordo com os princípios da justiça e equidade.

Goshal (2000) também afirma que as empresas são instituições sociais compostas por indivíduos, vetores da criação de valor de uma organização e fonte de vantagem competitiva para as empresas no século XXI. É um alerta para as organizações e um destaque à importância humana.

Paradoxos contemporâneos

Mudanças significativas, mundiais, focais, de qualquer espécie, como as citadas, impulsionam o ser humano à tomada de decisões que envolvem alternativas, muitas vezes paradoxais, impregnadas de exigências pessoais e profissionais que afetam, invariavelmente, a atividade de atração e seleção. Conviver com paradoxos requer, tanto do candidato a empregado, quanto do selecionador, características como visão sistêmica, flexibilidade e maturidade profissional. Vamos analisar, a seguir, os paradoxos mais frequentes.

- *A mesma empresa que demite, contrata.* Organizações demitem sem critérios, deixando para trás parte da sua memória. É comum presenciarmos empresas que, por alguma razão, incentivam a saída voluntária de profissionais de seus quadros, ao mesmo tempo que buscam recontratá-los, por não terem planejado substitutos ou retido o conhecimento dos processos em que eles atuavam. Não só para contratar, mas também para recolocar e demitir, é preciso ter critérios bem definidos.

Casos de mudanças de estratégia, de produto, de mercado, incremento de tecnologia podem gerar necessidades de contratação de novos perfis de competências, diferentes daqueles que até então atendiam às suas expectativas. Dessa forma, simultaneamente as empresas podem demitir e abrir oportunidades de trabalho para substituir seus empregados por outros com um novo perfil. Na melhor das hipóteses, os requalificam para os novos desafios.

Mesmo em época de desemprego, ainda há empresas que apresentam carências de profissionais especializados e, para agravar, nem sempre o ensino formal provê as competências necessárias para atender às necessidades da empresa.

- *O principal foco dos empregados é o foco na carreira, o que não significa mais fidelidade a uma única empresa.* Se a empresa não lhes oferecer oportunidades de crescimento, é o concorrente quem ganha. Dessa forma, quem se preocupa com fidelidade agora é o empregador que perde parte de seu conhecimento e de sua vantagem competitiva, se não souber como reter seus talentos.
- *As empresas empregam mais tempo e melhores técnicas de seleção para não errarem em suas escolhas, mas a maioria ainda não aprendeu a selecionar e não sabe como reter os talentos selecionados.* O uso adequado de técnicas de seleção não garante o acerto da escolha. Assegure-se de que você sabe exatamente o que está procurando e que, o que busca, vá fazer o diferencial na sua organização, para que você não procure (e ache) o candidato errado. Contratações acertadas, para serem consideradas como tal, devem ser monitoradas, avaliando-se a satisfação da gerência requisitante e a motivação do recém-contratado. A porta de entrada é a mes-

ma da saída. Nada mais frustrante do que ver o profissional, no qual você apostou, ir embora.

- *Empresas procuram pessoas competentes, mas não dão espaço para elas aplicarem e desenvolverem suas competências.* Gerenciar barreiras que impedem a aplicação das competências e acompanhar o desempenho tornam empregados mais produtivos e motivados. É comum, dentro das organizações, presenciarmos pessoas executando tarefas aquém de suas qualificações ou diferentes do que era esperado que elas fizessem. E quando o recém-admitido sai da empresa por vontade própria, ou permanece, embora desmotivado, a culpa poderá recair sobre o ombro do selecionador. Um processo de seleção por competências, alinhado ao plano estratégico, cria vantagem competitiva e favorece o alcance dos objetivos organizacionais. Atrair e manter as competências e não utilizá-las é desperdício de tempo e de dinheiro. Pessoas competentes constroem o capital intelectual de uma organização e garantem seu sucesso desde que encontrem o ambiente propício.
- *Cada vez mais profissionais se tornam empreendedores e, em vez de buscarem um emprego, oferecem soluções para os empresários.* Ao fazerem suas escolhas de carreiras, profissionais podem optar por permanecer em suas organizações e crescer hierarquicamente até o topo do organograma ou tornar-se independentes. E, curiosamente, cresce o número de profissionais que ainda estão no meio de suas carreiras e buscam autonomia, flexibilidade e qualidade de vida, em uma carreira solo. Isto é estimulado porque, muitas vezes, é mais barato para as empresas a contratação de serviços de acordo com sua necessidade do que a manutenção dos especialistas em sua folha de pagamento.
- *As empresas rapidamente incorporam novas tecnologias, modismos de gestão, sem que essa adoção seja acompanhada de*

maior eficiência e eficácia organizacionais. Segundo Ulrich (1998), cerca de 75% dos programas de qualidade implantados no mundo fracassaram. As ferramentas da qualidade foram introduzidas nas empresas, que se esqueceram que qualidade, muito mais do que atributo de um produto ou processo, é uma atitude diante do processo de produção. Além da qualidade total, já passamos por programas de reengenharia, de *downsizing*, gestão por processos, gestão por projetos, e a palavra de ordem agora é gestão por competência. Poucas empresas, contudo, conseguem redefinir seu modo de funcionamento, investindo efetivamente no mapeamento de suas competências básicas e essenciais, que são o alicerce da vantagem competitiva das organizações.

Esses paradoxos nos fazem conviver com várias realidades. Estaríamos preparados?

Do departamento de pessoal à gestão estratégica de pessoas

A história da área de gestão de pessoas mostra que evoluímos de um antigo departamento de pessoal burocratizado e que priorizava o apontamento de horas e o pagamento da tarefa, sem preocupação com a satisfação do trabalhador nem com sua permanência na empresa. A visão cartesiana, com abordagem reducionista/mecanicista, ainda domina, mas é vencida, pouco a pouco, pelo panorama emergente que impõe uma abordagem sistêmica e o alinhamento da gestão à estratégia organizacional.

O taylorismo, iniciado em 1900 e transformado em modelo técnico-econômico a partir dos anos 1930, introduziu princípios e regras para a gestão de pessoas e a estruturação das relações trabalhistas. O modelo definiu tarefas que, quando associadas a uma mesma atividade ou posto de trabalho, compunham um determinado cargo. A preocupação era com suas especificações e como seriam executadas.

Observa-se que Taylor destacou a importância das competências aplicadas ao trabalho, especificamente habilidades manuais (destreza) e atitudes (devoção ao trabalho e disciplina). De onde podemos concluir que selecionar sempre foi buscar competências. O sistema de pagamento, por exemplo, era associado à produtividade individual e, sob controle, quem produzia mais, ganhava mais. Apesar das críticas (veja *Tempos Modernos*, com Charles Chaplin), Taylor transformou o formato do trabalho na época, intensificando o ritmo e a busca da eficiência empresarial, em sentido mais amplo.

Na década de 1960, surge a abordagem sociotécnica que segundo Fleury e Fleury (2000:60):

> implicava a busca de uma solução ótima numa visão de sistema integrado, na qual as demandas e as capacitações do sistema social fossem adequadamente articuladas às demandas e aos requisitos do sistema técnico, tendo em vista a consecução das metas da produção e os objetivos da organização e das pessoas.

Essa abordagem criou força a partir de críticas à administração científica pela subordinação do sistema social às condições do sistema técnico, que padroniza, despersonaliza e desqualifica o ser humano. O departamento de pessoal — DP — ganha força.

Finnigan (1974) nos lembra do valor da descrição de cargos e da execução de tarefas em todos os processos de recursos humanos nos anos 1970. A atividade de recrutamento e seleção, bem como de treinamento, cargos e salários e avaliação do desempenho, era balizada pelo *Manual de cargos*, que continha as descrições do que deveria ser executado pelo futuro empregado.

A recompensa e o reconhecimento eram concedidos com foco na tarefa cumprida, de acordo com a descrição e não com as competências do indivíduo nem com os resultados por ele alcançados.

Assim, a administração de pessoal, representada pelo departamento de pessoal, amplia sua função e integra as diversas áreas, mudando de foco e, posteriormente, de nome, passando a ser denominada recursos humanos. Trata-se de uma evolução significativa, que partiu da visão microscópica do homem, em que a administração científica ignorava o trabalhador como ser humano e social, e hoje caminha para um modelo sistêmico, embora ainda carente da valorização do homem e de foco estratégico empresarial.

A partir da década de 1990, e ainda de forma lenta e gradativa, recursos humanos passam a ser parte integrante da estratégia de negócios da organização, incorporando o conceito de competências na, então, gestão de pessoas. De acordo com Fleury e Fleury (2000:20):

> o trabalho não é mais o conjunto de tarefas associadas descritivamente ao cargo, mas o prolongamento direto da competência que o indivíduo mobiliza em face de uma situação profissional cada vez mais mutável e complexa.

A organização, portanto, ao minimizar a ênfase na gestão do cargo e das tarefas, abre espaço para ampliação do foco nas competências, permitindo que ela tome consciência daquilo que sabe fazer e que agrega valor ao seu negócio. Esta forma de atuar faz com que a unidade de gestão passe a ser o indivíduo e suas competências.

Como consequência, a atividade de atração e de seleção de pessoas conquista seu espaço, à medida que identifica e provê, interna ou externamente, as competências individuais necessárias ao alcance das estratégias organizacionais. É ela quem irá suprir as demandas e as lacunas existentes entre as competências de que a organização necessita, as que possui e as que deverão ser atraídas.

Conhecendo os planos organizacionais, o profissional da área passa a atuar estrategicamente, com visão de longo prazo. Por exemplo, se ele souber que a organização em dois anos estará desenvolvendo negócios na China e receber, hoje, o currículo de um profissional com perfil empreendedor para o novo mercado, e que fale mandarim, ele terá condições de negociar com a alta administração a atração imediata desse profissional para, ao longo dos dois anos, ser aculturado, facilitando o desenvolvimento do negócio futuro. Falamos, portanto, de uma atuação biunívoca, em que não só a estratégia organizacional direciona a atividade de atração e seleção, mas também influencia as decisões estratégicas.

A atividade de atração e seleção também deve levar em conta a cultura organizacional e as condições da situação do trabalho, no momento da contratação. No exemplo que acabamos de apresentar, se o profissional não tiver disponibilidade para viajar ou suas características de personalidade vão de encontro à cultura organizacional, ele não será o melhor candidato naquele momento.

Com este novo papel, surgem modificações nos processos tradicionais de atração e de seleção, bem como novas técnicas e instrumentos, reforçando a mudança de competências de quem atua na área.

Desta forma, sob o ponto de vista empresarial, Mendonça (2002:22) nos ajuda a concluir:

> À medida que as instituições, ainda nos dias de hoje, mantêm suas estruturas e organizações do trabalho hierarquizadas e rigidamente divididas em tarefas e procedimentos, reforçam a distância entre o corpo e a mente dos trabalhadores, bloqueando iniciativas espontâneas e limitando a criatividade.

As mudanças são benéficas, por fazerem com que as organizações repensem suas estratégias e práticas, incorporem novos elementos, modifiquem posturas e expandam o exercício da cidadania e sua maneira de encarar o mundo.

Já a atividade de atração e seleção, parte integrante dessas mesmas organizações, não atua isolada do negócio, nem toma mais como referência absoluta as descrições (geralmente desatualizadas) de cargos e tarefas. Muda seu foco: busca competências para atender necessidades institucionais e individuais, atuais e futuras. Torna-se estratégica, à medida que alinha seu foco aos objetivos organizacionais.

Assim, atrair pessoas é hoje uma atividade de mão dupla. Não é só a empresa que escolhe o melhor candidato. O melhor candidato deve saber que a empresa existe. O segundo passo é escolhê-la como o lugar que ele quer trabalhar. Um lugar melhor do que o oferecido pelos concorrentes. Cabe à empresa ser atrativa e saber como reter quem atraiu.

Podemos concluir que, com tantas transformações, a conquista consolidada de um espaço pessoal e profissional requer uma mudança na postura e no nosso modelo mental, ainda dominado pelo pensamento mecanicista e linear. Os profissionais estão cada vez mais parecidos, e o que irá diferenciá-los é a pessoa que cada um é. Mudam, portanto, os cenários. Mudam as demandas de competências e o perfil dos que ingressam nas organizações. E você, concorda que também deve mudar o perfil de quem os seleciona?

O papel do selecionador

Se você respondeu afirmativamente à pergunta que propusemos na seção anterior, concordará que o panorama atual e as macrotendências que acabamos de apresentar impactarão diretamente os processos de seleção de pessoas. Contudo, a dimensão desse impacto não poderá ser avaliada se tomarmos como parâmetro apenas os aspectos operacionais e técnicos envolvidos no trabalho de seleção. Os princípios e técnicas de seleção sofreram poucas mudanças significativas. O grande desafio que se coloca é uma mudança de atitudes ante as demandas dirigidas ao selecionador de pessoas, em seu dia a dia, tanto em relação à organização e aos processos, quanto na relação com os candidatos e com seu cliente interno: o requisitante. Vamos nos concentrar em algumas dessas mudanças atitudinais, hoje, consideradas como indispensáveis para o sucesso de qualquer processo de seleção.

Garantir a satisfação do cliente

Todo processo tem no cliente a razão de sua existência, pois é ele que irá avaliar os produtos e serviços que lhe são prestados. No caso do processo de atração e seleção, o cliente interno é o gestor da área requisitante. O selecionador deve procurar conhecer suas necessidades explícitas e implícitas, tão logo ele demande o preenchimento de uma vaga.

Em uma relação de parceria, o selecionador não deve auxiliá-lo no detalhamento do perfil, sem que antes obtenha uma visão sistêmica dos problemas de desempenho vivenciados pelo gerente na sua unidade, e se certifique que, de fato, a atração e a seleção são as ações mais indicadas. Em caso positivo, deve definir ou validar, com o gestor, o perfil profissional desejado, discutindo também as estratégias de atração e de seleção que serão utilizadas no processo seletivo que será deflagrado.

O prognóstico de uma seleção deve estar voltado para a permanência do indivíduo motivado, comprometido com os resultados da organização, inserido e adaptado à cultura organizacional. Ambos, indivíduo e organização, devem estar voltados ao aprendizado e à melhoria contínua, mas sob o foco da estratégia empresarial.

Sempre que possível, o selecionador deve antecipar as necessidades do cliente, imprimindo uma visão proativa no processo de atração e seleção, o que permitirá que ele planeje e execute melhor as ações nessa área. Por exemplo, na definição da programação anual das unidades de negócio da organização em que trabalha, poderá analisar, juntamente com o gestor e sua equipe, os impactos dos projetos e atividades previstos em termos do quantitativo e do perfil de competências.

Apesar de termos nos referido ao gestor como sendo o cliente interno dos processos de seleção, gostaríamos de chamar a atenção para o fato de que os gestores são, na realidade, porta-vozes da organização. O foco não é o gestor; é a organização. Quando a tendência é privilegiar o trabalho matricial e equipes multidisciplinares, não se seleciona mais para uma única área, muito menos para um único gestor. O gestor muda, mas a organização continua. Você seleciona para atender aos objetivos estratégicos da organização. Ou seja, o planejamento estratégico é que irá direcionar as ações e a tomada de decisão final, reforçando o conceito de que recursos humanos é uma área de atuação estratégica.

Garantir o aperfeiçoamento contínuo do processo

Outro papel esperado do selecionador é o de rever continuamente suas atividades, buscando otimizar procedimentos e questionando permanentemente todas as ações. A seguir, algumas questões que podem pautar essa análise. O que fazemos está atrelado à estratégia empresarial? Os resultados nos conduzem ao alcance dos objetivos traçados? Como a etapa pode ser realizada de maneira mais ágil? Ela agrega valor ao cliente? E ao negócio? Posso melhorar?

Sempre é possível fazer melhorias, porém as mais efetivas são aquelas que podem ser medidas antes e depois de uma intervenção. Assim, é preciso criar um conjunto de indicadores de qualidade que retratem como o processo está e como as metas estão sendo alcançadas.

Analisar as medidas feitas no decorrer e no final do processo pode indicar pontos passíveis de aperfeiçoamento no processo. Por exemplo, ao se avaliar como as pessoas foram atraídas para um determinado processo seletivo, pode-se chegar à conclusão de que um dos meios de atração utilizado poderá ser retirado em uma próxima seleção, por não ter apresentado um percentual de consulta significativo.

A cada falha ou desvio dos objetivos no processo de atração e seleção, ocorrem oportunidades de melhoria que invocam a identificação das causas e permitem a tomada de decisão para o aprendizado e o desenvolvimento.

Dar suporte à cultura e respeitar os princípios éticos da organização

A cultura organizacional pode ser entendida como um código que precisamos dominar para pertencer e participar de um determinado grupo social. Tal como afirma Tavares (2002:43):

> A cultura organizacional é um conjunto integrado de modos de pensar, de sentir e de agir que são aprendidos e partilhados pelas pessoas de uma organização, servindo de maneira objetiva ou simbólica para constituir estas pessoas em uma comunidade particular e distinta.

Para que uma pessoa possa gerar os resultados esperados pela organização em que trabalha, é preciso que se sinta parte da cultura dessa organização. Dessa forma, ao atrair e selecionar pessoas, o selecionador deve estar atento à identificação de candidatos que possuam valores e crenças compatíveis com os da organização.

Como exemplo, ao selecionar candidatos para uma posição de liderança em uma organização centralizadora, de nada adianta prestigiar características como iniciativa e autonomia.

Outro dos comportamentos mais esperados do selecionador é o respeito aos princípios éticos da organização. Conforme Vasquez (1985:12): "Ética á a teoria ou a ciência do comportamento moral dos homens em sociedade".

Alguns questionamentos, entre outros, devem ser respondidos antes de estarmos diante de um candidato.

- Como se delimita a fronteira entre a investigação da vida pessoal e a profissional?
- Qual o direito que temos para abordar a vida pessoal de um candidato?
- Qualquer recurso é válido para se obter as informações sobre um candidato?
- Até que ponto temos o direito de realizar pesquisas em redes de relacionamento, pela internet, ou mesmo as chamadas pesquisas sociais, que vasculham a vida do candidato, incluindo relacionamento com vizinhos e ex-empregadores, sem o conhecimento do próprio?

De qualquer forma, a confidencialidade das informações prestadas pelo candidato, a não violação aos direitos humanos, a privacidade das informações, o respeito a questões étnicas, sociais, religiosas e de orientação sexual devem ser sempre preservados e sobrepostos a qualquer interesse.

Prover informações confiáveis para a tomada de decisão

Tomar decisões é um fato bastante comum no dia a dia. Constantemente, estamos diante de situações que exigem de nós uma ação concreta, para atender a alguma necessidade. Esses momentos tornam-se mais complexos, quando a decisão diz respeito a seres humanos e temos que decidir por ou sobre outras pessoas, que não nós mesmos. O contexto onde atua o selecionador reúne todas essas características. As diversas etapas do processo seletivo exigem do selecionador decisões que, se não forem tomadas adequadamente, podem comprometer todo o processo, com consequências que influenciarão a qualidade dos resultados obtidos e dificultarão o alcance dos objetivos organizacionais.

Os processos seletivos têm como finalidade básica a identificação de pessoas que apresentam perfis de competências, para ocupar posições em aberto, alinhados com as estratégias e a cultura das organizações. Para atingir esse objetivo, o selecionador tem pela frente a tarefa de avaliar pessoas, buscando meios, métodos e técnicas de atração e seleção e informações para embasar suas decisões.

No entanto, trabalhamos com informações que possuem grau de incerteza no que se refere às relações de causa e efeito. Todo o planejamento do processo seletivo é feito com base em hipóteses de trabalho e inferências, mesmo quando se toma cuidado para que essas sejam feitas com o maior número de informações possíveis e com a participação do requisitante e da equipe de trabalho.

Ainda assim, a maior parte das decisões do selecionador baseia-se em juízos que ele tem de emitir diante das respostas que o candidato oferece às suas perguntas durante a entrevista, ou na maneira como o candidato atua e se comporta em uma dinâmica de grupo, dramatização ou simulação. Dessa forma, o melhor procedimento para fundamentar os juízos é tomar decisões compartilhadas, isto é, trabalhar com uma equipe de avaliadores e com uma unidade de decisão composta de julgamentos por consenso ou por maioria.

Quando formamos um conceito sobre uma pessoa ou alguma coisa, utilizamos nossos sentidos e percepções. Essas funcionam como um filtro, captando características e informações que vêm da realidade. Quando nossas percepções ficam atreladas a crenças cristalizadas, nossa capacidade de perceber se reduz àquelas informações que reforçam nossas crenças, enredando-nos em um círculo vicioso. Estabelece-se um elo imediato entre crenças e fatos observáveis. Interpretando-se esses últimos com base nas crenças cristalizadas, queimamos algumas etapas do processo normal de formação de impressões ou conceitos, que deveria passar pela busca de fatos e informações sobre a realidade, até se chegar a uma conclusão.

Para evitar que nossas crenças possam influenciar nossa interpretação em relação aos fatos, temos que, inicialmente, tomar consciência delas, estar sempre questionando esses preconceitos e nos vigiando para evitar que possam, também, influenciar nossa análise.

O selecionador deve, pois, estar atento para que suas crenças não venham a afetar sua avaliação de um candidato. É comum que alguns candidatos, em função de suas características e comportamento, despertem reações no selecionador, que por associações pode relacioná-lo a alguém ou uma situação negativa ou positiva, que pode interferir no seu trabalho de avaliação. Quando isso acontece, o selecionador deve imediatamente reagir, tomando consciência do sentimento e buscando afastá-lo. Nesse caso, mais uma vez, recomenda-se que outro selecionador seja chamado a participar da avaliação, e ambos troquem seus pareceres e decidam em conjunto.

Poderão também acontecer, durante o contato com o candidato, alguns *insights* e impressões que, se utilizados de forma positiva, podem ajudar na avaliação sobre o candidato. Em vez de tomar essas impressões como verdades, o selecionador deve "suspender seu julgamento" por um tempo e utilizar a informação obtida pela percepção como hipótese de trabalho, buscando, a partir de um maior tempo de contato com o candidato, encontrar dados e informações que reforcem ou não suas impressões.

Seguem, então consolidados, alguns caminhos que contribuem com a assertividade na tomada de decisão.

- Focar sempre a estratégia organizacional e reler o perfil esperado, antes de cada tomada de decisão.
- Envolver o cliente, isto é, o requisitante da vaga, no processo de decisão. No modelo tradicional de seleção, a área de recursos humanos é quem decidia sobre o melhor candidato, tomando a responsabilidade da escolha para si. No enfoque moderno, a área de seleção passa a ter um papel de assessoramento ao cliente, desde o momento em que este demanda o serviço até o momento em que ele toma a decisão final, isto é, escolhe o candidato que deverá ser contratado.
- Para cada competência do perfil profissional, que será utilizado como parâmetro na seleção, definir o nível de entrega que se deseja que o candidato apresente. Por exemplo, imaginemos que estamos fazendo uma seleção para uma posição, e o desempenho esperado pressupõe que o candidato demonstre iniciativa, foco no cliente e habilidade de negociação, entre outras competências. Estas devem ser definidas operacionalmente, bem como a forma de mensurá-las, minimizando a subjetividade, seja por meio de indicadores de desempenho, seja pela descrição de ações e comportamentos esperados que possam indicar que o candidato apresente as competências desejadas. Pode-se fazer uso de uma escala, de 0 a 5 ou de 0 a 10, em que seja plotado o grau que ele deve apresentar em cada uma das competências e o desempenho demonstrado.

- Levantar o maior número de informações possíveis sobre a história do candidato, buscando padrões de comportamento que se repetem e uma visão global que possibilite interpretar as informações disponibilizadas por meio do currículo e das técnicas de seleção. Interpretações isoladas de fatos, sem que tenhamos uma visão longitudinal da trajetória da pessoa, podem levar a análises errôneas. Um exemplo seria o de interpretar que uma pessoa que ficou muito tempo em uma organização não teve possibilidade de se desenvolver. Se atentarmos para as posições ocupadas e para o grau de responsabilidade das atividades que assumiu, podemos tomar uma melhor decisão sobre as oportunidades de desenvolvimento que o candidato teve.
- Utilizar, preferencialmente, uma estratégia de seleção em que seja possível observar o candidato em situação real de trabalho. Os programas de estagiários e de *trainees* possibilitam que os selecionadores tenham uma visão mais concreta dos profissionais, na medida em que podem observar seu desempenho nos projetos e nas atividades em que se envolvem. Talvez isso explique o fato de que, cada vez mais, esses programas sejam utilizados como fonte de atração de novos talentos.
- Combinar várias técnicas de seleção, de forma a obter maior número de informações sobre o candidato. Algumas vezes, ao término de uma dinâmica de grupo, observamos que ainda não temos um quadro do candidato com relação a determinadas características. Na etapa de entrevista, podemos focalizar algumas perguntas para esclarecer tais características.
- Fazer com que as etapas do processo seletivo sejam eliminatórias. Em outras palavras, se os candidatos não atingem uma pontuação ou conceito mínimo serão eliminados. Com isso, reduz-se o número de análises que serão feitas em uma próxima etapa.

- Definir critérios de desempate. Pode-se definir, por exemplo, que uma das etapas tenha maior peso, e que, portanto, o candidato que apresentou maior pontuação na etapa terá prevalência sobre outro. Fatores como idade, tempo de experiência e outros podem também ser utilizados. É muito comum que, quando da classificação dos candidatos, alguns fiquem no mesmo patamar ou que o selecionador fique em dúvida entre alguns deles. Nesses momentos, os critérios de desempate desempenham um importante papel para decidir os impasses.
- Tomar decisões em equipe, fazendo com que os avaliadores possam trocar suas percepções e opiniões sobre o comportamento e desempenho dos candidatos. Por exemplo, um dos avaliadores pode perceber o candidato sem iniciativa, durante um exercício de dinâmica, porém o outro apresenta dados e fatos que contradizem essa percepção, comprovando que ele teve iniciativa.
- Fazer interpretações e julgamentos com base em anotações sobre o comportamento do candidato. As fichas de registros elaboradas previamente, contendo as características que estamos avaliando, com espaços reservados para tomar notas das impressões e de ocorrências, podem ajudar nessa tarefa.
- Apoiar os julgamentos sobre as competências profissionais em escalas padronizadas e descritivas. Essas escalas apresentam a descrição do conhecimento ou comportamento que se está avaliando e suas graduações. Podem ser utilizadas pontuações ou conceituações para avaliar as características. Nas escalas mais sofisticadas, cada grau da escala é descrito em termos da característica que se está avaliando.

Nos últimos anos observamos cada vez mais a utilização da informática nos processos de atração e de seleção. Encontram-se no mercado vários softwares com essa finalidade. Trata-se de sistemas que trabalham com informações e procedimentos padronizados, permitindo em alguns casos certo grau de customização. Vale destacar que nesse caso é quase impossível que possamos chegar a um sistema inteligente que seja capaz de realizar todo o processo seletivo sem a ajuda de um selecionador.

Além disso, encontramos na literatura vários modelos teóricos que tentam explicar o processo de tomada de decisão não somente como a escolha final, mas como um processo mais amplo que inclui as atividades que contribuem para a escolha, ou seja, o reconhecimento e avaliação de alternativas, bem como a seleção final.

Os cuidados aqui apresentados, além de favorecer o trabalho do selecionador, também o auxiliam para que integre suas atividades com as demais ações socialmente responsáveis, como a da construção da responsabilidade social corporativa, outra atitude esperada do selecionador.

Contribuir para a construção da responsabilidade social corporativa

Ao abordarmos o papel do selecionador na sustentação da competitividade, por meio de decisões pautadas na qualidade, e na construção da responsabilidade social, quisemos evidenciar que, mais do que desenvolver habilidades, o selecionador do século XXI precisa de atitudes como: proatividade, flexibilidade, ética, reflexão, abertura para o novo e para a diversidade.

Agora que você já foi informado sobre as atitudes que um selecionador de pessoas precisa desenvolver para ser, efetivamente, um agente a serviço da construção da competitividade organizacional, podemos passar para as questões técnicas e operacionais do processo de seleção de pessoas, que serão abordadas nos próximos capítulos. E não esqueça: é a atitude em face dos processos e das técnicas de seleção que irá fazer a diferença.

2

Competência e construção de vantagem competitiva

Neste capítulo abordaremos como o modelo de seleção por competências se alinha com as demais atividades da organização. Para isso, apresentaremos o conceito de competência, suas classificações, distinções estratégicas, forma de mapeamento, como está sendo agregado ao conhecimento para constituir-se numa vantagem competitiva e tendências dos avaliadores ao utilizarem o modelo.

Há pelo menos duas décadas, toda a sociedade vem sendo solicitada, e muitas vezes obrigada a realizar mudanças. A origem dessa necessidade, geralmente, se dá pela conjugação de três componentes: mais informação, mais velocidade e maior complexidade. No trabalho, ambientes tecnologicamente mais avançados levam empresas a mudar em prol da sobrevivência e de maior rentabilidade, buscando construir algo que as diferencie das demais e que lhes proporcione o que costumamos rotular de vantagem competitiva.

E nesse processo de construção, a atração e a seleção de pessoas são atividades que também estão mudando, já que os procedimentos dos modelos tradicionais respectivos tornaram-se insuficientes e inadequados para atrair e selecionar candidatos que possuem as competências requeridas pelas organizações, a fim de que possam enfrentar a competição atual e, sempre que possível, superá-la. Para ser competitiva, todas as atividades da organização devem ser ajustadas ao modelo de competência, como veremos a seguir.

O que é competência?[2]

O modelo cartesiano, largamente aplicado na administração das manufaturas do século passado, era um modelo de competência. E é inegável a sua contribuição para o desenvolvimento dos negócios, das sociedades e das pessoas — nesta ordem. Ao dar sinais de desgaste, encontrou alguns ajustes necessários no modelo de gestão japonês, parcial ou integralmente adotado por inúmeras empresas, que certamente as tornou mais eficazes e permitiu que fossem, temporariamente, mais competitivas. Tanto um quanto outro não ultrapassavam o plano tático e pouco contribuíram para o desenvolvimento de estratégias que alinhassem a gestão da empresa com as mutantes exigências do mercado.

A sustentação da competitividade não se dá por intermédio de um sistema composto de elementos que podem ser copiáveis pela concorrência, mas sim pelo desenvolvimento estratégico que leva uma empresa a manter seu posicionamento no mercado, até que ela mesma possa superá-lo. Então, é necessário que cada gestor formule a estratégia da sua organização e, ao fazê-lo, estará definindo que atividades serão exercidas para diferenciá-la da concorrência. A formulação da estratégia determinará que competências organizacionais são

[2] Sobre competência ver *Gestão do conhecimento e por competências*, das Publicações FGV Management.

necessárias para o alcance dos objetivos da organização. A partir daí serão definidas as competências humanas, já que tudo será posto em prática pelas pessoas que compõem a organização. Como afirma Dutra (2004:24):

> são as pessoas que, ao colocarem em prática o patrimônio de conhecimentos da organização, concretizam as competências organizacionais e fazem sua adequação ao contexto. Ao utilizarem, de forma consciente, o patrimônio de conhecimento da organização, as pessoas validam-no ou implementam as modificações necessárias para aprimorá-lo. A agregação de valor das pessoas é, portanto, sua contribuição efetiva ao patrimônio de conhecimentos da organização, permitindo-lhe manter suas vantagens competitivas no tempo.

Como podemos perceber, utilizar o modelo de seleção por competências é mais complexo do que a simples adoção de uma das muitas definições que vêm sendo propostas para o termo. Na fase inicial do processo seletivo, o selecionador terá que: identificar as competências funcionais necessárias para o bom desempenho de cada posição em aberto; definir os meios de atração convenientes, de acordo com as fontes disponíveis; escolher as técnicas de avaliação pertinentes ao que se necessita selecionar; e fazer o alinhamento de todos os procedimentos com a estratégia da organização.

Uma das diferenças entre o modelo tradicional de seleção e o de seleção por competência é que, conforme Rabaglio (2001:33) salienta, o segundo está mais fundamentado em fatos concretos e mensuráveis:

> Pesquisas indicam que o método tradicional de entrevistas, principalmente aquele baseado na intuição do selecionador como indicador do candidato certo, não garante uma contratação de

> sucesso. Uma qualidade essencial da seleção por competências é o fato de não se basear na intuição para a escolha do candidato, mas sim em fatos concretos e mensuráveis como o comportamento.

Apesar de Rabaglio afirmar que a intuição não deve servir de base para a seleção, consideramos importante esclarecer que ela jamais estará ausente. É uma capacidade do selecionador, que deve ser aprimorada de forma analítica e compreensiva ao longo da sua experiência, associada à observação do comportamento dos candidatos conforme afirmado e, assim, constituir-se em uma vantagem da aplicação do modelo de seleção por competências, em relação ao modelo tradicional.

A intuição de que falamos não é baseada apenas na sensibilidade do selecionador, mas construída pelos conhecimentos e vivências adquiridos pela experiência e que lhe proporciona o agrupamento de informações necessárias para a tomada de decisão mais rápida.

Também não se trata da simples comparação a modelos previamente construídos durante a vivência profissional do selecionador. Entretanto, é essa vivência que lhe fornece os elementos necessários para a escolha das informações que irão compor o seu filtro, devendo este ser adequado a cada processo seletivo e permitir que seja igualmente rápido e assertivo.

Primeiramente, é preciso apresentar as competências essenciais, que se constituem em um dos pilares do modelo.

Competências essenciais

Toda organização possui um conjunto de competências composto por: requisitos indispensáveis para manter-se atuante no segmento em que está situada; e outro grupo de fatores que a distingue das demais, perante o mercado e clientes. Estas últimas são as competências essenciais da organização. Algumas fazem parte da estrutura fixa da empresa, outras são variáveis e têm que ser criadas ou remodeladas constantemente, em razão das transformações que ocorrem nos cenários e nas necessidades dos clientes.

Um exemplo de competências essenciais pode ser observado ao analisarmos o caso da Panificação Mandarino, no Centro do Rio de Janeiro, única fabricante do tradicional biscoito Globo, desde 1955. Para termos a dimensão do que isso representa, é preciso considerar que a panificação tem 20 empregados e a produção chega a 15 mil pacotes de biscoitos por dia, totalmente distribuída por intermédio de ambulantes, sem nenhum vínculo com o fabricante. A receita e a embalagem nunca foram modificadas. Também nunca se fez propaganda do produto. Mas quem frequenta as praias cariocas ou o Maracanã, e ainda os engarrafamentos, que são seus principais pontos de venda, sabe da qualidade que este produto tem, a um custo muito baixo.

Assim, suas competências de produção com qualidade e baixo custo sustentam a competência de distribuição; esta, por sua vez, sustenta a marca. Segundo os proprietários, não há planos para alterar a estratégia até hoje adotada. Nem o aumento da demanda foi capaz de sensibilizá-los, porque receiam perder o controle da produção e da qualidade.

Também obtendo sucesso no Brasil, mas estrategicamente oposta ao modelo anterior, pois depende de mudanças frequentes, encontramos o caso da Siemens, onde desenvolvimento e inovação são essenciais para a sustentabilidade do negócio. A estratégia consiste na adoção da gestão eficaz do conhecimento, já que a habilidade de aprender rapidamente e o compartilhamento do conhecimento são essenciais para sustentar a contínua melhoria na atuação da organização. Entre os recursos necessários, ressaltamos a geração de estímulos à motivação das pessoas envolvidas, em associação ao gerenciamento adequado dos fluxos de informação, garantindo acesso e disponibilidade dos meios de comunicação, para quem precisa e na hora certa. Desta forma, são criadas oportunidades para que os resultados possam ser efetivamente alcançados e sejam sempre positivos.

Como vimos, você pode usar competências distintas estrategicamente e fazer com que as empresas obtenham sucesso. O conceito de competência é apresentado de distintas maneiras por diversos autores, porém, no contexto organizacional, o desvio do foco para as competências foi apresentado no artigo "Testing for competence rather than intelligence", de McClelland (1973).

À medida que o objetivo da seleção vai além de identificar e avaliar o grau das competências que cada pessoa possui, e engloba a capacidade de cada um utilizar adequadamente esse conjunto particular de competências, o selecionador depara-se com uma questão: as competências identificadas no candidato, durante o processo seletivo, serão efetivamente utilizadas por ele, em consonância com os seus interesses e os da organização, pelo tempo que for preciso, nas ocasiões necessárias?

Por essa razão, apresentamos o conceito que integra a posse de competências com a dinâmica da sua aplicação, que é proposto por Carbone e colaboradores (2005), no qual as competências humanas são entendidas "como combinações sinérgicas de conhecimentos, habilidades e atitudes, expressas pelo desempenho profissional, dentro de determinado contexto ou estratégia organizacional".

A distinção e o intercâmbio existentes entre as competências organizacionais e as humanas é o que abordaremos a seguir.

Competências organizacionais e competências humanas

Como visto, as pessoas são responsáveis por colocar em prática o patrimônio de conhecimentos da organização e, para atingir esse objetivo, precisam encontrar um ambiente propício e com as características necessárias, para tirar maior proveito dos recursos disponíveis. Como afirma Dutra (2004:24), na relação entre pessoas e organizações existe "um processo contínuo de troca de competências". De um lado, temos a empresa transferindo os conhecimentos de que dispõe e que lhe trazem vantagens competitivas; de outro as pessoas que, utilizando esses conhecimentos e contribuindo com suas competências individuais, agregam valor ao patrimônio de conhecimentos da organização, permitindo que esta possa manter seus diferenciais e desenvolvê-los.

Este intercâmbio de competências sugerido por Dutra (2004) implica uma dinâmica entre duas categorias de competências: organizacionais e individuais.

Mesmo tendo classificações distintas, as competências organizacionais e as individuais, estas também denominadas humanas ou profissionais, apresentam correspondência entre si. Em razão dessa correspondência, sugerimos que cada conjunto de competências seja definido a partir da estratégia organizacional, seguindo a ordenação em que estão aqui apresentadas. Neste ponto, ressaltamos que é igualmente importante considerar que as pessoas também possuem objetivos estratégicos individuais e que os melhores resultados serão obtidos onde houver mais harmonia desses com os organizacionais.

Competências organizacionais, segundo Prahalad e Hamel (1990:79), dizem respeito a "atributos da organização, que conferem vantagem competitiva a ela, geram valor distintivo percebido pelos clientes e são difíceis de ser imitados pela concorrência".

A construção das competências organizacionais dependerá da estratégia adotada pela empresa. Treacy e Wiersema (1995) e Porter (1996) propõem uma classificação onde há três categorias distintas de estratégia competitiva que, resumidamente, correspondem a:

- excelência operacional — ter o melhor processo em serviços, produção, comercialização e distribuição;
- inovação em produtos — desenvolver padrões de tecnologia e qualidade que garantam a liderança no segmento e influenciem o mercado;
- orientação para clientes — diagnosticar o máximo de informações sobre os clientes, manter relacionamentos e obter sua preferência.

De acordo com as observações de Dutra (2004), a adoção da estratégia determinará um conjunto de competências organizacionais típicas que se enquadram em cada uma das categorias apresentadas. Por exemplo, vejamos no quadro 1 o relacionamento entre a estratégia e as competências organizacionais requeridas.

Quadro 1

ESTRATÉGIA *VERSUS* COMPETÊNCIAS ORGANIZACIONAIS

Estratégia	Competências organizacionais
Excelência operacional	Custo Qualidade Processo produtivo Comercialização Distribuição
Inovação de produtos	Inovação de produtos e processos Qualidade Monitoramento tecnológico Imagem Parcerias tecnológicas
Orientação para clientes	Preocupação pela satisfação dos clientes Antecipação das necessidades dos clientes Flexibilidade Análise de consequências Delegação

Fonte: Dutra (2004).

As competências humanas são representadas pelo conjunto de conhecimentos, habilidades e atitudes que cada pessoa mobiliza ao executar uma atividade. A partir desta premissa, podemos subentender que as competências humanas, quando avaliadas no contexto organizacional, pressupõem a integração da sua aplicação em prol de um resultado esperado e em consonância com a estratégia prevista. Podemos observar as competências humanas relacionadas às competências organizacionais, a seguir, no quadro 2.

Quadro 2

COMPETÊNCIAS ORGANIZACIONAIS *VERSUS* COMPETÊNCIAS HUMANAS

Competências organizacionais	Competências humanas
Custo Qualidade Processo produtivo Comercialização Distribuição	Orientação a custos e qualidade Gestão de recursos e prazos Trabalho em equipe Planejamento Interação com sistemas Multifuncionalidade Relacionamento interpessoal
Inovação de produtos e processos Qualidade Monitoramento tecnológico Imagem Parcerias tecnológicas	Capacidade de inovação Empreendedorismo Comunicação eficaz Articulação interna e externa Absorção e transferência de conhecimentos Resolução de problemas Utilização de dados e informações técnicas Aprimoramento de processos e produtos Participação em projetos
Preocupação com a satisfação dos clientes Antecipação das necessidades dos clientes	Demonstração de interesse pela satisfação dos clientes Empreendedorismo

continua

Competências organizacionais	Competências humanas
Flexibilidade Análise de consequências Delegação	Iniciativa Autoconfiança Responsabilidade Pensamento analítico Desenvolvimento e manutenção de parcerias Comunicação eficaz

Fonte: Dutra (2004).

Como visto, podemos classificar as competências em categorias distintas, mas cada empresa possui um conjunto de competências que lhe é próprio. Entretanto, e apesar dessa individualidade ser um diferencial, alguns tópicos são comuns na composição desse conjunto. É o que veremos a seguir.

Customização das competências

Muitas organizações, em suas atividades de marketing, adotam a tática de customizar os serviços e produtos oferecidos, adaptando-os ao gosto de seus clientes, independentemente do segmento em que atuam. Hoje, na atração e seleção, encontramos analogia com este conceito, já que, ao fazer o mapeamento das competências necessárias para o alcance de seus objetivos, cada organização deverá estar consciente das suas reais necessidades e possibilidades. Assim, antigos padrões ou categorias por tipo de segmento econômico ou área de atuação não estarão adequados para regular o relacionamento das organizações com empregados, parceiros ou prestadores de serviço.

Essa customização impacta a atração, principalmente porque será determinante para a escolha das fontes e meios utilizados, permitindo que o processo seja efetuado com objetividade, interna e externamente à organização. Segundo Dutra (2004: 62), alguns aspectos são fundamentais e devem ser definidos previamente, embora reconheça que nem sempre isso é possível e que alguns só sejam determinados depois que o processo já está em andamento. Nesse sentido, aponta seis itens que devem ser objeto de definição prévia e formam "o conjunto de entregas esperado da pessoa a ser captada", onde inclui também o "nível de complexidade dessas entregas e o delineamento do espaço ocupacional". São eles:

- perfil profissional;
- perfil comportamental;
- entregas desejadas das pessoas, para atender às necessidades da organização tanto presentes quanto futuras;
- condições de trabalho;
- condições de desenvolvimento profissional;
- condições contratuais, definindo os vínculos empregatícios que serão estabelecidos.

Ainda que todos sejam igualmente importantes, devemos observar que as condições de desenvolvimento profissional aqui apontadas não se assemelham ao tradicional plano de desenvolvimento de carreira, pois vão além da mera relação sucessória de cargos. Uma condição de desenvolvimento profissional é, também, uma tática para retenção de talentos que nos faz pressupor que o profissional escolhido ficará na organização e contribuirá por um período de tempo indeterminado.

Mesmo nas contratações com prazo determinado ou para projetos específicos, a condição de desenvolvimento profissional deve ser mantida, pois leva-se em consideração que haverá troca entre a contribuição da pessoa à empresa e a agregação de valor profissional que esta irá proporcionar ao profissional, durante a vigência da relação, que se sobrepõe em importância ao tempo considerado.

A customização das competências é obtida pela identificação das necessidades da organização em relação ao desempenho esperado, considerando os recursos e capacidades indispensáveis para o alcance dos resultados desejados. Este levantamento é o próximo assunto.

Mapeamento das competências

No estilo de descrição tradicional do perfil, o cargo é observado em função das tarefas que o compõem, independentemente dos valores e posicionamento estratégico da empresa no mercado. Já o modelo de descrição do perfil por competências prevê o mapeamento das competências que fazem parte da estratégia de competitividade e diferenciação adotada pela organização. Esse conjunto de competências demonstrará o comportamento da organização no mercado, desde que os resultados desejados sejam alcançados pelas pessoas no exercício de suas atribuições.

Refletindo sobre as considerações de Rabaglio (2001) acerca do mapeamento do perfil das competências, algumas questões precisam ser respondidas.

Quais são os conhecimentos, as habilidades e atitudes necessários para fazer este trabalho?

O que torna um candidato perfeito para a atribuição e o alcance da estratégia?

O que torna um candidato inadequado?

Que desafios enfrentará e que habilidades dispõe para superá-los?

O foco da observação para realização desse levantamento deverá estar direcionado para *top performers*, ou seja, pessoas com histórico de sucesso na atividade dentro ou fora da organização. A diferença entre as características dessas pessoas e as demais é o que determina seu sucesso na atividade e pode ser considerada indicador de competências.

Em Adler (2003) encontramos a proposta de construção de um perfil de performance, que complementa o mapeamento de competências. Entretanto, Almeida (2004:58) estende essa proposta e identifica o que é preciso ser feito para obter sucesso independentemente das competências mapeadas. E justifica a vantagem desse complemento, quando aplicado à seleção de pessoas, considerando que, tendo como base a descrição da performance desejada, o foco do responsável pela seleção passa a ser nos "candidatos que apresentem resultados, em vez de pessoas que apresentem competências".

Na elaboração do perfil de competências, é fundamental o envolvimento dos gestores das diversas áreas da organização, em parceria com os especialistas de recursos humanos. Na fase inicial dessa atividade é comum surgir uma lista com elevado número de competências, direcionadas individualmente ao que está sendo analisado. A análise objetiva de todas as competências, em alinhamento com a estratégia organizacional e em conjunto com a visão dos processos e políticas adotados, resultará num conjunto adequado de competências profissionais, para cada posição do quadro de empregados da organização.

O saber ocupando lugar

Quando se elaborava o perfil do cargo a partir das atividades que deveriam ser executadas pelos seus ocupantes, geralmente a descrição prestigiava os verbos de ação que representassem o que fazer (montar, planejar, elaborar, listar, digitar etc.). No modelo de competências, o saber ocupou um lugar de destaque nas descrições, antecipando-se à ação. Isso se reflete na mudança de visão do exercício de qualquer atividade, onde o simples fazer é insuficiente e saber fazer torna-se indispensável. Resende (2003) apresenta alguns exemplos em que a descrição por competências tem sido expressa por locuções como: saber montar, saber planejar, saber listar etc.

A cada dia, mais atividades padronizadas estão sendo realizadas por máquinas e sensores. Este fato não conduz apenas à eliminação ou substituição das atividades, já que surgem novas necessidades com maior exigência de requisitos intelectuais e aplicação de conhecimento. Igualmente, a demanda por maior produtividade e qualidade faz dessa exigência um requisito para as atividades que ainda não puderam, e até mesmo não poderão, ser substituídas por meios mecânicos e eletrônicos de execução. De toda forma, flexibilidade e inovação agora fazem parte dos atributos de sucesso da maioria das organizações, com consequente impacto na atração e seleção, já que é necessário adaptar, e mesmo descobrir, suas práticas às novas necessidades.

As exigências que mencionamos impõem a configuração do modelo de seleção por competências. O que é e como utilizá-lo é o que apresentamos agora.

Seleção por competências

Uma das contribuições trazidas pelo conceito *Human Resource Management*[3] foi que as políticas relativas à gestão de pessoas não devem ser integradas às estratégias de negócio de forma passiva; antes, são componentes que integram essa estratégia (Fleury e Fleury, 2000). Isso deve ser contemplado em seus aspectos racionais — o lado quantitativo da administração dos recursos humanos — e também por aqueles ligados à comunicação, à motivação, à liderança e ao comprometimento, que cumprem a função estabilizadora da relação capital e trabalho.

Quando as condições de trabalho eram previsíveis e duradouras, já eram necessárias alterações nos processos de seleção

[3] Conceito apresentado na edição especial da revista de mesmo nome e que teve origem em um simpósio, realizado em 1983, com o tema *Strategic planning and human resource management* (*Human Resource Management*, v. 22, n. 1/2, Spring/Summer 1983).

de pessoal. Agora, que novos desafios foram incorporados, gerando mais oportunidades, mais competição e incertezas, essa necessidade tornou-se premente. A ocupação de cargos nas empresas não é mais atendida apenas pela discriminação de habilidades físicas, pois a produtividade hoje é muito mais dependente de processos cerebrais do que das aptidões. Não há evidências de que a competição reduzirá seu ritmo, nem de que as necessidades humanas serão menores, o que nos faz acreditar que as exigências em produtividade e qualidade continuarão crescendo.

O uso adequado do tempo será um diferencial competitivo importante na conquista e na manutenção de mercados, já que, em velocidade cada vez maior, é preciso estar presente quando as oportunidades se apresentam ou mesmo antecipar-se a elas. O aumento do efetivo de pessoal nas empresas, prática usual no sistema administrativo anterior para compensar o aumento de trabalho, parece ser uma possibilidade remota, quando o lema mais praticado é "produzir mais com menos".

"Produzir mais" apresenta uma relação direta com a lucratividade e, na atualidade, em se tratando de pessoas, implica transformar "com menos" em "com melhores". É aqui que a atração e a seleção de pessoal têm que se incorporar aos padrões de gestão empresarial, sendo igualmente produtivos e integrados com todo o negócio, e alinhados à estratégia empresarial.

Com altas taxas de desemprego em todo o mundo, atrair e selecionar pessoas parece não ser obstáculo no processo, mas a realidade é diferente. O que se encontra, de forma genérica, é um elevado número de pretendentes cujas qualificações não atendem às exigências dos perfis de competências das funções. Assim, o processo seletivo torna-se trabalhoso e demorado, refletindo no aumento do custo para utilização de várias técnicas combinadas, como a entrevista, a dinâmica de grupo e os testes, que têm que ser aplicados de acordo com os procedimentos recomendados, além de exigir interpretação e análise segundo critérios estabelecidos.

De forma tímida, considerando a imensidão do número de empresas que atuam no Brasil, podemos observar que, por força dos efeitos provocados pela globalização (e de todas as outras causas que já foram apresentadas), a partir dos anos 1990 o conceito de competência começou a ser incorporado às práticas empresariais como modelo de gestão. Para os responsáveis pela atração e seleção de pessoas isso não é novidade. Afinal, selecionar sempre foi buscar competências.

O que poucos até agora perceberam é que as pequenas mudanças ocorridas em nossas empresas trazem consigo um arcabouço de alterações que, por estarem ainda embaçadas do ponto de vista do reconhecimento, permanecem com pouco significado sob o prisma da gestão. Isso leva à necessidade de se repensarem as demandas estratégicas, visto que as principais atividades em qualquer organização são as realizadas pelas pessoas mais competentes e que, junto com as demais pessoas que compõem a organização, formam o que tem sido chamado de capital humano.

Isso significa dizer que, agora, as ferramentas e o maquinário essenciais ao desempenho de um trabalho não mais permanecem intramuros nas organizações, mas como alguém disse um dia: "esse é o capital que vai todo dia para casa jantar".

Ao definirmos um processo seletivo, além do imprescindível mapeamento das competências, temos que considerar a motivação de cada candidato como atributo essencial para aplicação das suas competências, o que pode ser apreendido de Dutra (2004:28) e sua avaliação de pessoas: "além de verificar sua formação e experiência, avaliamos como ela atua, sua forma de entregar o trabalho, suas realizações". E, mesmo considerando a dinâmica da natureza humana, temos que buscar e manter a harmonia entre os interesses da organização e das pessoas, individual e coletivamente, desde a seleção. Sem este cuidado, raramente uma competência irá gerar valor agregado para a empresa e se constituirá em diferencial competitivo.

Outra consideração sobre as formas de aporte[4] deste capital, que também faz parte do grupo das alterações embaçadas, é a mobilidade. Provavelmente pressionadas pela falta de oportunidades de crescimento dentro das empresas, cada vez mais horizontais, as pessoas estão mudando de emprego com maior frequência, permanecendo inalterada sua ocupação. Isto é, a estabilidade agora é na profissão e não mais no empregador. Esse é o risco que o empregador corre ao investir no capital humano, quando promove aprendizado e aperfeiçoamento. No entanto, ao fazê-lo, ele melhora a qualidade dos profissionais do mercado, que ele aciona quando precisa.

Outro paradoxo é que, apesar de ser um componente com peso significativo nas decisões de mudança de emprego, a recompensa financeira perde posição para reconhecimento e oportunidade de desenvolvimento pessoal, quando comparada para fins de manutenção da relação de emprego. Isto significa que o investimento financeiro feito numa promoção pode pouco significar em termos de rentabilidade para esse capital. Em resumo, as pessoas preferem capitalizar os investimentos que geram dividendos na própria capacitação e que lhes permitam aumentar o estoque de conhecimento.

No que se refere à avaliação da motivação desde o processo seletivo, devemos considerar que:

- não há trabalho inteligente sem que haja a participação de pessoas. Máquinas mecânicas e eletrônicas são rápidas e

[4] No jargão financeiro, aporte significa aumento do capital.

precisas, mas necessitam, no mínimo, de alguém que lhes aperte o botão ou lhes programe o *timer*;

- pessoas que hoje ainda estão trabalhando de noite e de dia assemelham-se a máquinas que são desenvolvidas pelo homem, afastando-se do que o homem tem de mais poderoso — seu espírito criador. Pessoas competentes percebem a distinção entre um "ser que faz" e um "ser que faz acontecer" e optam pelo segundo tipo. Naturalmente, repassam a diferença para as empresas;
- assumindo a personalidade que lhe é própria, inigualável e indivisível, apresentam-se com competência e como detentores do controle sobre a distribuição dos seus conhecimentos, habilidades e atitudes, geralmente como aqui está descrito, ou seja, no plural. Deixam de ser apenas recursos humanos, para serem impulsionadores inteligentes que ativam os recursos da organização possibilitando que ela seja competitiva;
- querem dinheiro, sim, mas não apenas. O dinheiro é uma forma de tornar visível que alguém fez um bom trabalho e foi por ele recompensado. Mas estamos fazendo referência às pessoas inteligentes, e estas, se não houver reconhecimento justo pelo trabalho bem-feito e possibilidade de desenvolvimento continuado, dentro de um ambiente agradável e de confiança, onde a informação flua livremente e o poder seja responsavelmente delegado, abandonam este fundo de investimentos e transferem seu capital para onde houver maior rentabilidade, certamente em humanidade. A maior parte do capital agora está com as pessoas e não no cofre e no balanço patrimonial da empresa.

As características a serem avaliadas durante o processo de seleção por competências não são somente essas que consideramos até o momento. Apesar da utilização deste modelo ser relativamente recente, já podemos identificar a preferência por algumas delas. Será uma determinante ou apenas os avaliadores estão se esquecendo da necessidade de diferenciação como vantagem competitiva e, obedecendo à natural busca pelo equilíbrio orgânico, vêm sucumbindo às facilidades da padronização? Leia o que apresentamos a seguir e chegue à sua conclusão.

Análise do perfil de competências

O sucesso de qualquer processo de seleção vai depender do nosso conhecimento sobre os requisitos e as competências necessários à posição para a qual se está fazendo a seleção. Quanto maior o volume de informações que obtivermos, maior a probabilidade de selecionarmos o melhor candidato para ocupar a posição.

Os processos seletivos mais convencionais partem da descrição do cargo para identificar os requisitos e as competências necessários para ocupá-lo. Contudo, as transformações no ambiente organizacional tornaram relativo o papel do cargo como unidade de análise das práticas de gestão de pessoas. O mapeamento das competências que desejamos selecionar requer uma análise de toda a organização, considerando sua estratégia competitiva, as competências essenciais e básicas que garantem a efetivação dessa estratégia e a cultura organizacional, até chegarmos às competências profissionais dos empregados. A descrição do cargo, contendo as tarefas, os deveres, as responsabilidades, os requisitos, é apenas um entre os vários aspectos a serem analisados.

Apesar de toda a ênfase que vem sendo dada à noção de competência, juntamente com a crítica à noção de cargo, chamamos a atenção para o fato de que, quando uma organização seleciona um empregado, esse empregado irá necessariamente executar um conjunto de atividades, por mais amplo e flexível que esse conjunto possa se apresentar. Será necessário, portanto, fazer uma análise das principais atividades, não só para que o selecionador possa identificar as competências necessárias para sua execução, como também para fornecer aos candidatos o maior número possível de informações que fundamentem suas escolhas. Mesmo com todas as críticas feitas às descrições de cargo, elas podem fornecer informações importantes.

Tomemos como exemplo de um processo seletivo o ocorrido em uma rede de lojas de vestuário, no Rio de Janeiro. O cargo era de atendente de vendas, para trabalhar no período de festas de final de ano. Um dos candidatos selecionados, em seu primeiro dia de trabalho, foi chamado a comparecer ao setor de expedição e lhe foi determinado que descarregasse um caminhão e distribuísse a mercadoria nas várias seções da loja. O empregado viu-se no seguinte dilema: sendo portador de hérnia de disco, não poderia pegar o volume de peso que estava no caminhão. Contudo, era seu primeiro dia de trabalho. Se ele informasse sua impossibilidade, será que acreditariam nele, ou julgariam ser uma desculpa para escapar ao trabalho pesado? O empregado optou pelo silêncio, apostando que aquela seria uma tarefa esporádica. Durante toda a primeira semana foi designado para a mesma tarefa até que no sexto dia foi hospitalizado com uma crise aguda de dor lombar. Quando voltou ao trabalho, na segunda-feira seguinte, foi dispensado.

A situação que acabamos de apresentar ilustra muito bem a necessidade de, ao selecionarmos um novo empregado, considerarmos efetivamente todas as atividades que ele irá desempenhar. Uma análise criteriosa das atividades do cargo certamente teria informado ao selecionador que descarregar diariamente caminhão de mercadorias era atividade rotineira do atendente de vendas e que essa atividade tem como requisito força e saúde física.

Quando nós afirmamos que o cargo continua sendo uma referência importante para o mapeamento das competências, gostaríamos de chamar sua atenção para o fato de que uma descrição de cargo tradicional, se utilizada como ponto de partida, terá que, necessariamente, ser atualizada por meio de coleta de informações adicionais com o requisitante da vaga, com o objetivo de verificar se novas atividades, novas responsabilidades ou novas maneiras de executar o trabalho foram introduzidas, pois alterações em qualquer um desses elementos podem implicar a necessidade de novas competências.

A cultura organizacional é outro aspecto que precisa ser considerado, para compor um perfil de competências. O núcleo da cultura é composto por um conjunto de crenças e de valores, que foram constituídos pela dinâmica das práticas macrossociais e de sua integração com as práticas sociais específicas de cada organização. Esse conjunto de crenças e de valores, por sua vez, determina as nossas atitudes. Gramigna (2002) considera que a atitude é o principal componente da competência, estando relacionada ao querer ser e ao querer agir. Esse entendimento nos leva a compreender o impacto que a cultura pode ter no desempenho dos profissionais de uma organização.

Um candidato pode reunir todos os conhecimentos e todas as habilidades necessárias para um bom desempenho. Contudo, se suas crenças e seus valores não forem compatíveis com os da organização, ele pode não querer ser aquilo que a organização espera que ele seja e não querer fazer aquilo que a organização espera que ele faça. Dessa maneira, é a capacidade de gerar resultados e agregar valor à organização que fica comprometida.

Se considerarmos a cultura organizacional elemento de análise do perfil de competências, precisaremos considerar que, quando falamos em cultura organizacional, não estamos falando de um bloco monolítico, de algo uniformemente disseminado em todos os setores da organização. Muitos destes possuem suas próprias subculturas, códigos de valores e crenças, diretamente relacionados com as peculiaridades das atividades que desempenham. Por isso, a análise cultural para fins de definição de um perfil de competências tem que considerar tanto as crenças e valores da organização toda, quanto as do setor específico onde o futuro empregado irá trabalhar.

Uma tendência no que avaliar

Até o momento, não identificamos efetividade nos instrumentos de avaliação ou medição de desempenho focalizado em competências. Foram analisados diversos modelos qualitativos e quantitativos, comercializados por consultorias e utilizados por empresas de vários segmentos e portes distintos, mas carecendo de fundamentação teórica e estudos que comprovem sua validação para o fim a que se destinam, elaborados de acordo com os protocolos reguladores de pesquisas com seres humanos e cientificamente aceitos.

Cálculos percentuais que revelam médias e frequências, ainda que aplicados em amostras quantitativamente elevadas, são insuficientes para garantir a previsibilidade do modelo ou atribuir confiança às características apresentadas como preditoras de competência.

Tendo como base nosso relacionamento cotidiano com diversas organizações, associado à consulta à literatura disponível, verificamos que algumas características têm sido mais solicitadas do que outras, o que pode, se mantida a tendência preferencial dos requisitantes, levar à constituição de um conjunto básico de competências específicas para determinados grupos de atribuições. No momento, a ausência de pesquisa padronizada sobre o assunto não nos autoriza a ir além da suposição proposta. É cedo para conclusões.

No quadro 3 exemplificamos o conjunto básico de competências a que fizemos referência.

Quadro 3

CONJUNTO BÁSICO DE COMPETÊNCIAS

Características requisitadas	Descrição
Intelectuais	Entendimento, lógica de argumentação — síntese e dialética, capacidade de correlacionar fatores e problemas multidimensionais e inteligência prática.
Funcionais	Habilidades essenciais ao domínio da função exercida, capacidade de expansão do conhecimento para outras áreas de problema, reconhecimento de oportunidades e atualização profissional.
Organizacionais	Capacidade de atender, definir e adaptar prioridades, resolver problemas, capacidade de implementação, confiabilidade e postura construtiva em relação a mudanças.
Produtivas	Administração do tempo, foco, *follow-up* sobre iniciativas anteriores, desempenho, resistência ao estresse e capacidade de operar em situações críticas, vitalidade e estabilidade emocional.
Gerenciais	Liderança, capacidade de persuadir, integrar e formar equipes, além de contribuir para o desenvolvimento de outros.
Sociais	Franqueza, interesse sincero em desenvolver-se, capacidade de lidar com a rejeição, resposta a críticas, solidariedade e capacidade de estabelecer interesse e obter respostas.
Relacionais	Capacidade de comunicação, diplomacia e tato, capacidade de inspirar outros, carisma e autoridade.
Julgamento	Capacidade de distinguir o que é ou não relevante, antecipar tendências e desdobramentos, possuir um sexto sentido negocial, reconhecer competências e "ler as entrelinhas", bem como ajustar ações à relevância do fato gerador.
Iniciativa	Orientação à ação e aos resultados, capacidade de influência no processo de decisão, motivação, força de vontade, tenacidade e perseverança, aceitação de desafios (ponderada pela avaliação dos riscos) e procura permanente por novas ou melhores alternativas.

Fonte: Kosminsky et al. (2001).

A relevância de uma competência, ou grupo de competências, dependerá do que é esperado em função da estratégia organizacional, levando-se em consideração, também, as competências organizacionais. Mesmo sendo possível haver uma significativa dominância de uma competência sobre as demais, no desempenho de determinadas atividades, nenhuma será, isoladamente, suficiente para que se obtenha o melhor rendimento na execução do trabalho. Aqui se aplica o preceito da sabedoria popular "a união faz a força". Todos somos competentes, de uma forma ou de outra, e, em algum momento, a capacidade de combinar as diversas competências que possuímos e aplicá-las na ocasião oportuna é o que nos distingue dos demais.

Como vimos, as mudanças organizacionais e a velocidade com que são implementadas demandam outro modelo de seleção que, por sua vez, requer de seus usuários, avaliadores ou avaliados a adoção pelos primeiros e a adequação pelos segundos, de práticas atualizadas e características devidamente mapeadas, em alinhamento com a estratégia organizacional.

Atrair as pessoas competentes e selecioná-las oportunamente, utilizando os meios e as técnicas adequadas, sem dúvida será uma competência capaz de fazer a distinção entre uma organização e as demais.

3

O processo de atração

Para melhor compreensão dos processos de atração e de seleção precisamos entender em que contexto essas atividades ocorrem. Como vimos, no capítulo 1, as mudanças na natureza do trabalho e nas relações empregador/empregado, observadas nas últimas décadas e decorrentes do rápido desenvolvimento tecnológico e da globalização, tiveram impacto nas características do mercado e na maneira como as pessoas são atraídas e selecionadas pelas organizações.

Ao delinear qualquer estratégia de atração e de seleção, devem ser consideradas a estratégia e a cultura organizacional, as características do mercado de trabalho e a relação que mantém com a demanda de pessoal requerida pela organização.

Este capítulo tem como finalidade discutir algumas características presentes no mercado de trabalho atual, possibilitando ao leitor refletir sobre fatores externos que podem impactar o processo de atração. Apresenta também as estratégias e os meios de atração mais utilizados pelas organizações, bem como indicadores para avaliar a eficiência e a eficácia desta etapa do processo seletivo.

Mercado de trabalho

Segundo Lacombe (2004), o mercado de trabalho, caracterizado como a oferta e procura de profissionais em determinada região, influi na determinação do valor da remuneração, dos benefícios e das condições de trabalho para cada tipo de profissional. Para efeito da nossa discussão, o mercado de trabalho será abordado no aspecto da relação entre a oferta e a procura de empregos em um determinado momento, influenciado por fatores socioeconômico-políticos, bem como por algumas tendências do mundo do trabalho que afetam significativamente essa equação.

Segundo Pastore (1998), uma análise dinâmica do mercado precisa considerar os efeitos de qualquer mudança em um segmento na cadeia que envolve as subcontratadas, fornecedores, clientes e outras empresas relacionadas. Nesse processo de transformação, muitos postos de trabalho são destruídos, criados e deslocados de um setor para outro. O tempo para criação de novos postos é bem superior ao da sua destruição.

Nos últimos anos, vários empregos foram deslocados da área industrial para a de serviços. O terceiro setor[5] aparece como um segmento promissor, capaz de absorver trabalhadores. As inovações tecnológicas geraram também novas oportunidades de trabalho. Segundo o mesmo autor, os postos de trabalho se deslocaram geograficamente. A oferta de trabalho está se globalizando; ou seja, a contratação de pessoas não se restringe mais às fronteiras de um país.

Mudanças na natureza do trabalho, que atualmente requer muito mais características mentais e de relacionamento interpessoal, têm impacto nas competências que são exigidas dos candidatos. Observa-se, de modo geral, a elevação do nível de

[5] Terceiro setor é constituído por organizações sem fins lucrativos e não governamentais, que têm como objetivo gerar serviços de caráter público.

exigência dos requisitos para o trabalho, principalmente os relacionados com a formação e a experiência. Esse panorama reflete-se na quantidade de pessoas que estão qualificadas para concorrer a uma vaga no mercado de trabalho. Mas verifica-se, também, a precariedade de alguns postos de trabalho, salários mais baixos e perdas de algumas conquistas dos trabalhadores.

As estruturas organizacionais das empresas modernas se apoiam em arquiteturas com menos níveis hierárquicos, mais enxutas e flexíveis, contribuindo para o aumento de outras modalidades de contratação, como trabalho temporário, cooperativas, subcontratação de serviços e ainda o avanço da terceirização de atividades.

Para a maioria dos cargos tradicionais, a situação do mercado de trabalho caracteriza-se por uma oferta de vagas menor do que a procura dos candidatos, contribuindo para o acirramento da disputa. Numa situação inversa, como citado no capítulo 1, verifica-se que algumas posições recentemente criadas exigem um perfil de profissional ainda raro no mercado de trabalho. Nesses casos, a oferta de trabalho pode ser até mesmo superior ao número de profissionais que se candidatam às vagas.

Essas duas situações devem deflagrar estratégias de atração e, posteriormente, de seleção diferenciadas. No caso específico da atração para posições com menor número de candidatos, elas serão muito mais focadas, isto é, exigirão que se conheça bem onde se encontram esses profissionais e o que é necessário oferecer para atraí-los. Esses profissionais podem ser candidatos passivos, isto é, nem sempre estarão à procura de um emprego, havendo necessidade de despertar seu interesse e de seduzi-los.

Por que atração?

Parte-se da premissa de que não são apenas as organizações que escolhem os melhores profissionais, estes também escolhem as organizações que apresentam propostas atrativas.

Pesquisas brasileiras que estudam os fatores de atração e retenção no trabalho demonstram que a imagem da empresa no mercado, a oferta de desafios, as perspectivas de crescimento, a liberdade de ação e um clima organizacional favorável despertam mais o interesse dos profissionais do que a remuneração.

As organizações que desejam atrair profissionais competentes devem cuidar de suas imagens. A forma como exercem a responsabilidade social com os diversos grupos — empregados, comunidade e sociedade — influencia os conceitos que terão para os candidatos em potencial. Precisam definir claramente suas demandas de pessoal, requisitos básicos e perfis de competências, buscando a proatividade no levantamento dessas necessidades e obtendo maior tempo para planejar estratégias eficazes de atração.

O levantamento de informações para conhecer a oferta de profissionais no mercado de trabalho, seus hábitos e interesses, bem como as propostas oferecidas pelos concorrentes são caminhos efetivos para o sucesso da atração de profissionais competentes.

Como argumenta Almeida (2004), o processo de seleção requer uma abordagem integrada com os demais subsistemas de gestão de pessoas, como o de desenvolvimento e o de retenção. Para atrair profissionais competentes, a organização deve ter políticas que valorizem o capital humano, dando-lhes oportunidades de desenvolvimento e crescimento em suas carreiras. Finalmente, as empresas necessitam políticas flexíveis de gestão de pessoas, que permitam negociar com os seus empregados as expectativas de ambos, no momento da negociação do contrato de trabalho.

A primeira decisão a ser tomada em um processo de atração é onde buscar o profissional desejado, definindo-se a estratégia de seleção a ser utilizada, se externa ou interna.

Estratégias de atração

As estratégias de atração variam de acordo com as políticas de gestão de pessoas adotadas pela organização. Por exemplo, uma organização que tem como política de gestão oferecer aos seus empregados oportunidades de desenvolvimento e de crescimento profissional, antes de atrair pessoas no mercado de trabalho, procurará preencher suas posições em aberto com as competências disponíveis internamente. A divulgação das vagas no mercado externo só deverá ocorrer depois de esgotadas as possibilidades internas. Visando aumentar as possibilidades das pessoas concorrentes às novas posições de trabalho, a empresa deve apoiar o desenvolvimento de competências, por meio de programas de capacitação e de educação continuada, invertendo o paradigma tradicional de selecionar e treinar para o de treinar e selecionar.

Organizações que em função dos produtos ou serviços que oferecem priorizam vínculos de trabalho temporário, trabalho contingencial e terceirização de serviços, enfatizam mais a estratégia externa de atração, buscando profissionais no mercado de trabalho.

Ênfase semelhante é adotada por organizações que necessitam fazer mudanças radicais em suas culturas e processos de trabalho e não se prepararam estrategicamente para isso, sendo levadas, então, a buscar pessoas no mercado de trabalho externo.

Atração de candidatos externos

A atração externa dá-se quando a organização busca no mercado de trabalho os candidatos para um determinado processo seletivo. Essa decisão está geralmente relacionada com a política da organização que tem como estratégia a "oxigenação" periódica de seu quadro de empregados, como forma de agregar novas competências.

Há empresas que, pelas características de sua estrutura de cargos, buscam candidatos externos para todos os níveis e outras que admitem apenas para os níveis hierárquicos iniciais, reservando os demais para a atração interna. Essa é uma prática que, até então, ocorre no Banco Bradesco, por exemplo.

Atração interna

Quando as organizações buscam candidatos dentro de suas fronteiras para participarem dos processos seletivos, estamos falando de atração interna. Adotando esta política de gestão, as organizações criam oportunidades de crescimento profissional e valorizam seus colaboradores.

Nessa situação, é preciso que os gestores e a área de gestão de pessoas da organização trabalhem integrados e sintam-se co-responsáveis pelo desenvolvimento dos empregados. Os primeiros, apoiando a participação dos candidatos internos nos processos seletivos; e a segunda, propiciando aos gestores a substituição daqueles empregados que forem selecionados para as novas posições. A política de atração interna deve estar atrelada à criação de oportunidades de desenvolvimento de competências na organização, para que os empregados possam estar aptos a concorrer às vagas oferecidas.

A atração de candidatos internos tem uma dimensão bem distinta da atração de candidatos externos. Como os internos conhecem bem a organização e a sua cultura, minimiza-se o foco sobre a imagem, e a ênfase passa a ser a divulgação transparente das oportunidades de trabalho e das competências necessárias para concorrerem às vagas abertas. Desta forma, estimulam-se também a autogestão das carreiras pelos empregados e a sua motivação.

Decidida a estratégia de atração a ser adotada, devemos selecionar os meios de atração que serão utilizados. Para fazer escolhas adequadas, o selecionador deve ter um bom conhecimento da situação de mercado para os perfis que deseja atrair.

Meios de atração

São denominados meios de atração todos os veículos utilizados pelas empresas para divulgar suas vagas dentro ou fora da organização, sendo necessário que esses veículos sejam cada vez mais focados. A atração de profissionais competentes e alinhados com a organização requer que se conheça em profundidade o perfil dos candidatos, para localizar com a maior precisão possível onde eles se encontram e o que os atrai. Deve-se também procurar estratégias que tragam resultados e menores custos.

Algumas variáveis precisam ser consideradas quando da escolha dos meios adequados de atração, destacando-se alguns pontos: a natureza das atribuições e também das competências necessárias, a relação oferta e demanda de vagas no mercado, os recursos disponibilizados pela organização, o tempo previsto para o preenchimento da vaga e os custos envolvidos.

Algumas organizações, visando à otimização dos processos de atração, investiram na criação de equipes especializadas, dedicadas exclusivamente a essa atividade, tamanha a sua importância estratégica e a quantidade de pesquisas e de contatos requeridos pelos técnicos da área.

A seguir, apresentamos os meios de atração mais utilizados atualmente pelas organizações, tecendo alguns comentários de como melhor aproveitá-los.

Sites corporativos ou de empregos

Este é um dos meios de atração preferidos por muitas organizações para atrair candidatos. Os sites corporativos geralmente possuem um link para divulgação das oportunidades de trabalho existentes em determinada organização, permitindo que as pessoas interessadas pelas posições divulgadas registrem-se para processos seletivos que estejam em andamento ou que venham a ser deflagrados, a partir do preenchimento de formulários padronizados, que solicitam dados curriculares sucintos e, em algumas situações, o encaminhamento do currículo.

Existem sites corporativos mais sofisticados, que condicionam o registro dos candidatos ao resultado da avaliação do ajustamento do perfil do candidato a parâmetros especificados pela organização. Esta é uma forma de manter os bancos de currículos mais enxutos, evitando que as bases de dados fiquem lotadas de candidatos não qualificados, proporcionando maior agilidade nas etapas subsequentes do processo seletivo.

Os sites corporativos têm como vantagem propiciar aos candidatos muitas informações sobre a organização, oferecendo um retrato do que ela é. Nesses sites podemos encontrar alguns dos seguintes conteúdos: a missão, os valores, os serviços e os produtos oferecidos, o perfil das oportunidades, o perfil de competências, os benefícios, as políticas de gestão de pessoas e o código de ética. Quando são sites de empregos, mantidos por consultorias especializadas em atração e seleção, essas informações não são disponibilizadas, pois atendem a posições de várias organizações clientes.

O uso de sites como meio de atração agiliza o trabalho de análise e o tratamento das informações curriculares dos candidatos, que são feitos de maneira automatizada. Se as oportunidades referem-se a processos seletivos em andamento, as informações curriculares dos candidatos são comparadas com o perfil de competências definido pelo requisitante. Os candidatos classificados para as etapas subsequentes do processo seletivo serão convocados via e-mail ou telefone. Quando não existem posições em aberto, as informações sobre os candidatos são armazenadas. Tão logo surjam oportunidades, o próprio sistema faz uma busca, geralmente com base em palavras-chave, e identifica os candidatos que atendem ao perfil desejado e devem ser convocados.

A utilização de sites como único meio de atração inviabiliza a participação de candidatos que ainda não têm acesso à internet, fato muito comum em um país como o Brasil, que ainda apresenta alto índice de exclusão digital, o que torna os sites não apropriados para a atração de candidatos para oportunidades de trabalho menos qualificadas.

Anúncios em jornais e em revistas especializadas

Ainda é um meio muito utilizado pelas organizações na atração de candidatos para diversas funções nos níveis operacional, técnico e gerencial. A decisão por essa forma de divulgação deve-se pautar por alguns critérios que influenciam o seu resultado, a saber:

- os recursos existentes, como tempo e dinheiro;
- a escolha de um jornal ou de uma revista que tenha boa circulação entre o público-alvo. Alguns jornais possuem cadernos específicos de empregos que são publicados semanalmente;
- o tempo que o anúncio será veiculado influencia a quantidade de candidatos que responderão ao chamado. Para profissões cuja demanda de vagas é maior que a oferta, o tempo

de veiculação do anúncio pode ser reduzido, diminuindo custos;

- as características do anúncio em termos de conteúdo, quantidade, clareza e transparência das informações disponibilizadas devem ser planejadas, para possibilitar uma boa avaliação por parte dos candidatos e não levantar falsas expectativas. Se a empresa possui um site em que informações mais detalhadas podem ser acessadas, deve indicá-lo.

Existem anúncios onde o nome da empresa não aparece, solicitando-se que os candidatos remetam suas informações para locais e endereços divulgados; são os anúncios fechados. Vários motivos podem levar a organização a proceder desta maneira, entre eles interesses ligados ao sigilo de informações consideradas estratégicas. Porém, esse tipo de chamado pode despertar desconfiança nos candidatos, porque a ausência de identificação talvez esteja tentando encobrir uma imagem desfavorável da organização. Os anúncios abertos, ao contrário, identificam a organização que está disponibilizando a vaga.

Quando se pretende atrair profissionais com alto grau de especialização, recomendamos a veiculação do anúncio em revistas técnicas, cujos leitores possivelmente tenham as competências que se deseja atrair.

Programa de indicação pelos empregados

Trata-se de aproveitar os conhecimentos dos empregados sobre a cultura da organização e sobre o trabalho, para torná-los parceiros da organização e corresponsáveis na atividade de atrair talentos para dentro da organização. Muitos desses programas são estruturados, têm suas próprias regras de funcionamento e ainda gratificam, por meio de bonificações e premiações, aqueles que fazem indicações de pessoas que, após passarem por todas as etapas dos processos seletivos, são aproveitadas pela organização. Esses programas se apoiam em *networking*, a rede de relacionamento profissional que as pessoas mantêm e que vem se constituindo em uma estratégia de marketing pessoal bastante estimulada.

Vale contrapor à seriedade dos programas de indicação, tendo em vista os objetivos a que se propõem, a arbitrariedade do famoso QI (quem indica), que concede às pessoas indicadas privilégios que incluem, muitas vezes, a supressão de algumas, e não raro, de todas as etapas de seleção.

Caçadores de talentos

Os *headhunters* são especialistas, autônomos ou ligados às consultorias, que têm como principal atividade seduzir profissionais com alto grau de especialização para posições estratégicas da organização, e que raramente estão desempregados. É um procedimento utilizado com menor frequência pelas organizações, em função de suas características e do seu alto custo. Normalmente, o custo desse serviço toma como base a média do salário anual que o profissional selecionado terá.

Para atrair os talentos, esses profissionais preferem uma abordagem mais direta, incluindo convites para um encontro social, podendo se tratar de um almoço ou jantar, seminários, encontros e eventos envolvendo peritos na área para qual a organização está buscando o talento. Como o foco da atração é, geralmente, voltado para os candidatos passivos, atuando em sua área de especialização, toda a estratégia de atração é feita sob total sigilo, para preservar os profissionais de qualquer situação constrangedora. Os *headhunters* utilizam seus contatos para identificar talentos, o que requer que eles tenham uma rede de relacionamento bem atualizada. Alguns profissionais extrapolam os limites éticos esperados, buscando informações sobre o candidato, não pertinentes ao preenchimento dos requisitos da vaga, e as utilizam como estímulo para atraí-los.

Palestras em instituições de ensino

Muito utilizada na atração de estudantes para programas de estágios e programas de *trainees*. Esse veículo de atração tem como finalidade despertar o interesse dos universitários e estudantes de cursos técnicos para a empresa e também para posições que ainda não são muito conhecidas no mercado de trabalho. Trata-se de um trabalho de marketing em que um dos objetivos é divulgar a organização e trabalhar sua imagem com esse segmento. As palestras normalmente envolvem as áreas de gestão de pessoas das empresas e alguns de seus principais executivos, e utilizam como recursos vídeo institucional e outros documentos informativos.

Consultorias na área de recursos humanos

Nas últimas décadas, acompanhando as mudanças na área de gestão de pessoas, que resultaram na sua transformação em unidades de *staff* aos gestores, observa-se, cada vez mais, a utilização de consultorias que oferecem serviços de atração e seleção para empresas que querem contratar pessoas. Uma das tendências da área de atração e seleção das organizações é a de otimizar e centralizar os seus esforços na prestação do serviço no atendimento ao cliente interno, o que implica, muitas vezes, a decisão de terceirizar algumas ou todas as atividades nessa área. Existem organizações que optam por terceirizar a maioria dos seus processos seletivos, desenvolvendo somente aqueles que consideram estratégicos, a escolha final, por exemplo.

Um dos fatores críticos de sucesso dos trabalhos entre as parceiras, organização e terceirizada é o total alinhamento entre os serviços oferecidos e o perfil de competências desejado para a contratação, devendo a consultoria ter profundo conhecimento dos negócios do seu cliente e de suas demandas, precisando existir um total entrosamento entre as equipes de gestão de pessoas das parceiras.

As consultorias de RH possuem uma estratégia contínua de atração para alimentar o seu banco de candidatos, visando atender com agilidade as solicitações das empresas clientes. A atração pode ser feita por meio de site específico, anúncio em jornais, e agendamento de dias para entrega de currículos.

Os custos dos serviços prestados dependem muito do tipo de contrato estabelecido entre as partes, mas têm no salário do empregado a ser contratado um dos parâmetros. Algumas consultorias oferecem também serviços de recolocação de pessoal e de *headhunters*.

Apesar de a rapidez de resposta poder ser considerada um fator de atratividade ao uso da fonte, o custo e o não conhecimento da cultura e da ambiência organizacional podem ser fatores que a contraindiquem.

Banco de talentos

O número de pessoas que busca oportunidades de trabalho em uma organização excede as posições em aberto. Dessa forma, os candidatos que aguardam ser chamados para um primeiro contato, além dos que têm potencial, mas não tiveram sucesso em processos seletivos, formam o banco de candidatos da empresa "X".

Um banco de talentos, diferentemente, é estruturado a partir de algum resultado, seja do mapeamento das competências, seja do potencial demonstrado. A organização identifica suas competências essenciais e formula suas estratégias e o perfil das competências humanas ou profissionais necessárias. A seguir, identifica ou mapeia as competências existentes na organização e as que deverão ser atraídas de fontes externas ou desenvolvidas internamente. Essas informações são armazenadas em um banco informatizado de talentos, que deve ser constantemente atualizado em conjunto com outras informações a respeito da vida funcional das pessoas.

O arranjo adequado e o suporte informatizado permitem a rápida identificação dos talentos que possuem as competências desejadas, para suprir as necessidades da organização. Por exemplo, nos dias correntes, se você deseja selecionar, entre os candidatos internos ou externos que estão em seu banco, um engenheiro mecânico com 10 anos de experiência, que fale fluentemente inglês e tenha trabalhado no exterior, você clica em "formação" e a seguir "engenharia", escolhe a especialidade, informa uma faixa que compreenda o tempo de formado e, assim, especifica todas as outras exigências. Pronto! O sistema realiza uma primeira triagem e o seu banco mostrará apenas o que você deseja. A exemplo do Banco do Brasil,[6] algumas empresas divulgam suas oportunidades de trabalho por intermédio de seus bancos ou rede interna de comunicação (*intranet*), permitindo que os empregados gerenciem suas próprias carreiras, desenvolvendo competências para estar aptos e participar dos processos seletivos internos. Os treinamentos realizados e o progresso profissional também são alimentados nesses bancos.

Intranet

É muito utilizada quando se opta pela atração interna de candidatos, também servindo de apoio à indicação pelos em-

---

[6] Almeida (2004:141) cita o programa Talentos e Oportunidades (TAO), do Banco do Brasil S.A.

pregados, quando se opta pela atração externa. As informações sobre as vagas, os requisitos e o perfil de competências são divulgadas para todos os empregados da organização, permitindo que aqueles que possuem o perfil solicitado possam se inscrever nos processos seletivos ou indicar profissionais da sua rede de relacionamento.

Cadastro de ex-empregados da organização

Observa-se, atualmente, o que muitos profissionais da área costumam chamar de "efeito bumerangue", ou seja, a contratação de ex-empregados ou de profissionais que tiveram alguma forma de vínculo com a organização, temporários, consultores e prestadores de serviços. Esse tipo de contratação permite uma visão longitudinal do desempenho do candidato, que é um bom indicador sobre o seu desempenho futuro.

Por esta razão, o cadastro de ex-empregados atualizado também é um bom veículo para atração de candidatos. Sua efetividade depende de um relacionamento constante da área de gestão de pessoas com os profissionais, mantendo-os interessados, através de informativos sobre a organização, convites para participação em eventos internos e externos, entre outras formas de relacionamento.

Cartazes

Podem ser utilizados na atração externa ou interna. Devem conter informações sucintas sobre o processo seletivo, fornecendo orientações sobre os procedimentos a serem adotados pelos interessados. Sua fixação deve ser bem planejada, levando-se em consideração os hábitos e locais mais frequentados pelo público-alvo.

Cadastro de outras empresas

Empresas de segmentos e ramos iguais ou similares, que mantenham algum tipo de parceria ou que pertençam a um mesmo grupo, podem compartilhar indicações e informações sobre talentos. Essa estratégia minimiza custos e pode otimizar investimentos em atração.

Avaliação da etapa de atração

A seleção da melhor estratégia de atração deve ser pensada para cada processo seletivo em função das suas especificidades. Agindo desta forma, estaremos aumentando as chances de atrair pessoas de acordo com o perfil de que a organização necessita.

O acompanhamento e avaliação da fase de atração indicará, no entanto, se as estratégias delineadas estão trazendo os resultados esperados, permitindo-nos fazer os ajustes necessários.

Como define Lodi (1987), uma estratégia de atração baseia-se em hipóteses sujeitas a confirmação: como a de que tal fonte é melhor que outra ou de que tal apelo é melhor que o outro. A partir da avaliação dos resultados podemos ou não confirmar essas hipóteses e aperfeiçoar as estratégias.

Por exemplo, supondo que, ao término do processo, a área de recursos humanos apresente três candidatos para entrevista final com o requisitante e nenhum é aprovado. Essa situação pode demonstrar que não atraímos os melhores candidatos.

Outra forma de averiguarmos a qualidade do nosso trabalho é a adoção de indicadores. Primeiramente, temos que considerar o grau em que a medida atende às necessidades e aos interesses dos principais clientes envolvidos no processo. Em outras palavras, que valor deve ser atingido e como podemos mensurá-lo, para que possa oferecer suporte à tomada de decisão em todos os níveis. Em segundo lugar, devemos observar a forma como o processo está definido. É possível monitorá-lo para obter as medidas desejadas? Temos que definir indicadores que sejam exequíveis.

Muitas vezes, em função da importância do indicador, é necessário fazer mudanças no processo para viabilizar a medida. Devemos também buscar um *mix* de medidas apropriadas, que apresente as dimensões de eficiência, de eficácia e de efetividade da etapa de atração. As duas últimas dimensões são as mais difíceis de se avaliar, porque requerem que trabalhemos com atributos que são, por sua natureza, subjetivos e, portanto, mais complexos para se estabelecer relações de causa e efeito.

Finalmente, temos que estabelecer alguns indicadores que possibilitem comparar o nosso desempenho com os da área de gestão de pessoas de outras organizações, por meio de pesquisas de *benchmark*. Alguns indicadores são tão específicos da organização e das necessidades dos clientes internos que não são suscetíveis de comparação.

Ao iniciarmos a tarefa de definição de indicadores, o melhor é estabelecer o mínimo de indicadores possíveis e, a partir de testes e validação destes, irmos aperfeiçoando nosso sistema, acrescentando outras medidas mais sofisticadas. Deve-se evitar a tendência de utilização de inúmeras medidas, que, além de desgastar as pessoas que lidam com elas, nem sempre são úteis.

Alguns indicadores do processo poderão nos dar uma visão de sua eficiência:

- percentual de candidatos atraídos pelos diversos meios utilizados. Podemos também cruzar essa informação com regiões, idade, sexo, escolaridade etc.;

- percentual de obtenção de perfis desejados, dentro dos padrões estabelecidos, por meio da atração;
- total de recursos financeiros gastos com a atração.

Alguns indicadores de desempenho podem ser obtidos com os clientes externos, ou seja, com os candidatos. São exemplos:

- percentual do grau de satisfação do candidato com as informações disponibilizadas na divulgação da vaga e até que ponto elas foram suficientes para que ele fizesse a sua escolha;
- qualidade no atendimento prestado pelos profissionais envolvidos com a atração;
- grau de satisfação dos candidatos não aproveitados quanto ao *feedback* recebido.

A escolha das fontes corretas resultará na formação de um grupo de candidatos com potencial para que o processo de seleção cumpra a sua finalidade: selecionar competências.

Vimos neste capítulo que o processo de atração requer que o selecionador esteja atualizado com informações sobre o mercado de trabalho, a estratégia organizacional, demandas de pessoal e lacunas de competências. Precisará ter também um profundo conhecimento sobre as melhores escolhas de atração e quando aplicá-las para obter retorno, isto é, atrair os melhores candidatos, convencendo-os a não migrarem para os competidores. Finalmente, deve constantemente avaliar as estratégias de atração utilizadas buscando a melhoria contínua desta etapa do processo seletivo.

4

O processo de seleção

Você já tomou conhecimento da posição central que o conceito de competência ocupa no processo seletivo. Na etapa de seleção, precisaremos analisar se os candidatos possuem as competências necessárias que lhes possibilitem não só executar com eficiência e eficácia as atribuições que estarão sob a sua responsabilidade, mas também agregar valor aos processos nos quais irão se inserir. Para realizar essa análise, será necessário comparar os candidatos para que possa ser feita a escolha daquele que apresenta o perfil de competências próximo ao desejado.

A seleção configura-se, então, como um novo processo de tomada de decisão, que envolve comparação: cada candidato é comparado com o perfil de competências da posição em aberto e com os demais candidatos. Essas comparações levam à escolha de um deles. Para que a tomada de decisão inerente ao processo de seleção tenha qualidade, será necessário realizar um conjunto integrado de atividades. A partir das contribuições de Bueno (1995), Pontes (1996), Milkovich e Boudreau (2000) e Bohlander, Snell e Sherman (2003), propomos uma dinâmica da etapa de seleção que consideramos mais adequada e que inclui a triagem, a análise do perfil de competência, a avaliação dos candidatos, a decisão final, a verificação das referências, o exame médico, o *feedback* aos participantes e a avaliação da seleção.

Iniciaremos nosso estudo pela atividade de triagem dos currículos.

A triagem

A etapa de atração tem como resultado uma amostra de candidatos potenciais à etapa de seleção. Dizemos candidatos potenciais porque nem todos que foram atraídos estão de acordo com o perfil de competências procurado. Assim, concluída a atração, inicia-se a etapa de triagem, cujo objetivo é identificar entre os candidatos que se apresentaram os que atendem aos requisitos básicos e têm maior probabilidade de possuir as competências procuradas. A triagem é realizada por meio da análise curricular e de entrevistas para confirmação dos dados apresentados pelos candidatos.

A análise curricular é, geralmente, o primeiro passo da triagem e funciona como filtro inicial. A partir das informações fornecidas no currículo, será possível formar uma primeira impressão sobre as qualificações dos candidatos e sua adequação ao perfil da posição para a qual se está selecionando.

Ao avaliarmos um currículo, devemos nos concentrar nas realizações do candidato, na busca dos resultados que ele gerou para as organizações onde trabalhou. Esse tipo de dados é uma boa indicação do potencial de agregação de valor do candidato.

O desenvolvimento da carreira é outro ponto que devemos considerar. Destacamos que a concepção contemporânea de carreira não se refere a uma sucessão de cargos, mas sim, tal como propõe Dutra (2004), a uma ampliação do espaço ocupacional, entendido como o nível de complexidade das atribuições e das responsabilidades de um empregado. De acordo com essa concepção, um currículo pode descrever uma sucessão de cargos de mesmo nível de complexidade, sugerindo um profissional que, mesmo tendo passado por diferentes cargos, ocupou um espaço ocupacional restrito, sem contrapartida em termos de desenvolvimento profissional.

A estabilidade é também um aspecto que devemos avaliar em um currículo. Mesmo que atualmente seja muito valorizada a diversidade de experiências profissionais, não sendo mais desejado que um profissional desenvolva toda a sua carreira em uma mesma empresa, não podemos esquecer que qualquer resultado precisa de tempo para ser produzido. Currículos que descrevem vínculos de trabalho de curta duração em diversas organizações podem estar indicando candidatos sem capacidade de gerar resultados suficientes para sustentar esses vínculos.

Por outro lado, vínculos de trabalho de longa duração não devem, *a priori*, ser considerados negativos e tomados como indicadores de acomodação e falta de ambição, pois o espaço ocupacional ocupado por um profissional em uma mesma organização pode ser tão amplo, envolvendo altos níveis de complexidade das atribuições e de responsabilidades, que esse aspecto pode compensar o pequeno número de organizações a que esteve vinculado ao longo de sua carreira.

A consistência das informações fornecidas, a clareza e a precisão na descrição dos resultados de trabalho são aspectos que também merecem atenção. A incoerência pode ser um indicador de informações inverídicas.

Se houver aspectos do currículo que, apesar da incoerência, justifiquem incluir o candidato no processo seletivo, tal incoerência deverá ser cuidadosamente investigada na triagem. Foi o que aconteceu no processo seletivo para um cargo de fisioterapeuta, em uma consultoria de qualidade de vida, no Rio de Janeiro. Os candidatos precisavam apresentar certificação de formação em uma modalidade de atendimento que não estava sendo encontrada facilmente nos currículos recebidos. O currículo de um candidato, entre os que possuíam essa certificação, sugeria uma incoerência entre as qualificações relatadas e o tempo de permanência num único vínculo empregatício. Diante da dificuldade de encontrar candidatos com o perfil desejado, este currículo foi selecionado e, na entrevista de triagem, foi possível esclarecer que o candidato apenas registrou o período em que teve vínculo formal de trabalho, sendo que já trabalhava na empresa há seis anos, mas somente teve a carteira de trabalho assinada a partir do quinto ano de serviço.

Fique atento à profusão de dados pessoais e às extensas descrições de instrução, pois pode ser um sinal de que o candidato pode estar tentando disfarçar a falta de qualificação, tentando dar "volume" ao currículo. Lembre-se sempre: o foco deve incidir sobre as realizações do candidato, pois são elas que permitirão inferir se ele tem as competências que se está buscando.

Lacunas de tempo entre as experiências de trabalho relatadas também merecem atenção. Em uma carreira bem estruturada, espera-se que a transição de um emprego para outro ocorra sem intervalos de tempo significativos.

Lacunas de tempo na carreira não significam necessariamente inércia ou incompetência. Há lacunas que não dependem de vontade pessoal, como é o caso de demissão, acidentes que implicam incapacidade temporária, problemas de saúde pessoais ou na família.

Outro tipo de lacuna é aquela que é gerada por uma deliberação pessoal, fruto de um planejamento, como é o caso de afastamentos para qualificação, tais como cursos de especialização, mestrado e doutorado, ou para experiências internacionais. Um bom exemplo é o caso de um ex-superintendente do Serviço de Proteção ao Crédito – SPC Brasil, que deixou a organização em 2006, para viver um período no exterior. De volta ao Brasil, seu currículo apresentava uma lacuna, que, contudo, não o impediu de ser indicado por uma agência de *outplacement* para se candidatar a uma vaga de diretor administrativo-financeiro. Mesmo com a lacuna no currículo, o candidato possuía um perfil de competências tão importante para a empresa, que justificou investigar os motivos que o levaram a interromper sua carreira no Brasil.

Portanto, se, ao analisar um currículo, você constatar lacunas, isso não deve ser fator de exclusão imediata do candidato, como bem ilustra o exemplo visto. Investigue o que aconteceu, sobretudo o que o candidato fez nesse interstício. Por exemplo, no caso de desemprego, cabe investigar como a busca por recolocação foi conduzida.

O passo seguinte à análise curricular é a entrevista de triagem que, segundo Almeida (2004), tem como objetivo esclarecer alguns aspectos do currículo do profissional e estabelecer as primeiras impressões sobre algumas características do candidato. Entre elas estão: apresentação pessoal, atitudes, capacidade de expressão e comportamento. Trata-se de uma entrevista superficial, mais breve e que suscitará pontos a serem aprofundados ao longo da seleção.

Como o tempo é uma variável crucial nos processos seletivos, em algumas circunstâncias, a entrevista de triagem também pode ser realizada por telefone. Tal procedimento é justificável quando estamos diante de um currículo que revela competências que são importantes para a função para a qual estamos selecionando, mas há também dúvidas sobre outras competências indispensáveis. Se essas dúvidas puderem ser tiradas por meio de um telefonema, evita-se que o tempo do selecionador e do candidato sejam desperdiçados.

Uma vez concluída a triagem e definidos os candidatos que participarão da seleção, será preciso agora avaliá-los, comparando-os com o perfil de competências desejado e com os demais candidatos. Esse processo de comparação levará à escolha do candidato mais adequado e dependerá de uma série de informações que serão coletadas por meio das técnicas de seleção. É essa avaliação dos candidatos que veremos a seguir.

A avaliação dos candidatos

Se você considerar que o selecionador fundamentará sua decisão com base nas informações que obtiver, a qualidade dessas é tão importante quanto a dos instrumentos que serão utilizados para coletá-las. Um dos principais desafios será propor e utilizar meios que permitam avaliar se os candidatos que após a etapa de triagem foram incluídos na etapa de seleção possuem as competências de que a organização necessita.

Há uma grande variedade de técnicas de seleção ao alcance dos profissionais de gestão de pessoas. Podemos agrupar as mais utilizadas nas seguintes categorias: testes, dinâmicas de grupo e entrevistas. As características, vantagens e desvantagens de cada uma dessas técnicas serão abordadas no capítulo 5 e, no momento, gostaríamos de chamar a sua atenção para alguns aspectos gerais que devem ser considerados na escolha das técnicas de seleção.

A utilização de técnicas em processos de seleção baseia-se no seu valor de predição, ou seja, na suposição de que há uma estreita correspondência entre o desempenho obtido pelo candidato nas técnicas aplicadas e seu desempenho futuro no trabalho.

Um aspecto ao qual gostaríamos que você ficasse bastante atento refere-se ao fato de que nenhuma técnica de seleção é autossuficiente a ponto de poder ser utilizada isoladamente, como fonte exclusiva de informações sobre o candidato. Lembre-se de que, quanto mais informações sobre o candidato puder coletar, maior a probabilidade de você tomar a melhor decisão. Dados coletados por meio de uma única técnica têm poder restrito de predição sobre o comportamento futuro dos candidatos.

Quando utilizamos mais de uma técnica e verificamos a consistência dos dados coletados, o poder de predição aumenta e, consequentemente, a probabilidade de escolher o candidato mais adequado.

De modo geral, a avaliação dos candidatos inclui diversas técnicas, podendo envolver ações combinadas e que não possuem uma sequência específica, tais como:

- aplicação de testes (de conhecimento e psicológicos);
- aplicação de dinâmicas de grupo;
- entrevista com o selecionador;
- entrevista com o requisitante da vaga.
- verificação de referências.

A definição da sequência de utilização das técnicas vai depender de peculiaridades de cada processo seletivo. Por exemplo, em processos seletivos para estagiários de grandes corporações, que chegam a ter 11 mil inscritos em todo o país, a aplicação de testes de conhecimento como primeira etapa da seleção é um recurso bastante utilizado. Por outro lado, em processos seletivos em que não há muitos candidatos envolvidos, podemos começar a seleção com uma dinâmica de grupo e avaliar o conhecimento por meio de perguntas técnicas em uma entrevista.

A avaliação do candidato não é uma responsabilidade exclusiva do selecionador. O requisitante da vaga, além de realizar entrevistas específicas com os candidatos, também deve ser chamado a participar da elaboração e avaliação dos testes de conhecimento, sejam eles escritos, práticos ou situacionais, e das sessões de dinâmica de grupo. O envolvimento do requisitante da vaga amplia seu comprometimento com os resultados do processo.

Existem duas abordagens que podem ser utilizadas para avaliar os candidatos em um processo de seleção: a abordagem clínica e a estatística.

A abordagem clínica é eminentemente qualitativa. O selecionador consulta todos os dados coletados ao longo do processo seletivo, faz a síntese e, com base no seu conhecimento do perfil de competências, do conhecimento tácito sobre o perfil de profissionais que têm tido sucesso no exercício das mesmas atividades, toma a decisão referente a que candidatos encaminhar para a entrevista com o requisitante da vaga. Geralmente, selecionadores diferentes tomam decisões diferentes, haja vista que não há uma parametrização objetiva dos fatores de avaliação, favorecendo, dessa maneira, a interferência de preferências pessoais, estereótipos e preconceitos.

A abordagem estatística pretende ser mais objetiva, à medida que procura definir escalas quantitativas de avaliação. Uma escala de pontuação é construída e utilizada para atribuir pontos em todas as competências que se deseja avaliar. A cada competência será atribuído um peso e uma pontuação mínima que os candidatos deverão obter, para serem considerados aptos no processo. Os candidatos que obtiverem as maiores pontuações estarão, em tese, habilitados a ocupar a vaga.

É preciso salientar, contudo, que a objetividade da abordagem estatística é relativa. Pode ser simples atribuir uma nota em uma prova de conhecimento, que depende da quantidade de acertos dos candidatos. Mas e se estivermos avaliando algo como liderança? Como atribuir uma nota? Dissemos que a abordagem estatística requer a construção de escalas de avaliação. No caso da avaliação de liderança, seria possível construir uma escala de três níveis, assim escalonados:

3. competência evidenciada em conformidade com o perfil;
2. competência evidenciada, mas requer aperfeiçoamento;
1. competência não evidenciada.

Contudo, a atribuição de pontos ao candidato dependerá ainda do julgamento do avaliador: o que permite afirmar que a competência está em conformidade com o perfil ou que requer aperfeiçoamento? Mesmo atribuindo pontos ao julgamento, a subjetividade do avaliador está presente.

Uma opção seria fazer uma lista com comportamentos que caracterizam a liderança e preparar a escala com base nessa lista:

5. todos os comportamentos são evidenciados;
4. evidencia 75% dos comportamentos;
3. evidencia 50% dos comportamentos;
2. evidencia 25% dos comportamentos;
1. não evidencia os comportamentos.

Com esse segundo exemplo, você pode ver que avançamos em objetividade e também foi possível criar uma escala mais ampla. Mas, vamos supor que um dos comportamentos listados como característicos da liderança tenha sido "estimular a participação do grupo". A pontuação atribuída ao candidato vai depender da compreensão que o avaliador terá do que seja estimular a participação de um grupo. Voltamos, então, ao terreno da subjetividade de onde não podemos sair, pois é a subjetividade que nos faz humanos.

Se a objetividade é relativa, e a subjetividade é intrínseca ao processo de decisão, isso não significa pensar que a abordagem estatística seja inútil e que devamos nos deixar conduzir pela subjetividade. Devemos utilizá-la a nosso favor e, nesse sentido, a abordagem estatística pode ser bastante útil, sobretudo quando há mais de um avaliador envolvido na seleção.

A abordagem estatística cria parâmetros concretos e que podem ser compartilhados por todos os envolvidos na seleção. O caráter quantitativo conferido à avaliação possibilita tratamentos estatísticos dos dados e, consequentemente, facilita a informatização dos dados do processo seletivo, tornando possível fornecer, ainda, *feedback* aos candidatos, como veremos mais adiante.

A etapa de seleção configura-se como mais um filtro em todo o processo seletivo e, após a aplicação das técnicas e avaliação de seus resultados, o selecionador deverá decidir quais os candidatos que serão encaminhados para a entrevista com o requisitante. Nós sugerimos que, no mínimo, sejam encaminhados três candidatos para a entrevista com o requisitante, uma vez que esse mínimo seria a condição necessária para possibilitar alguma margem de comparação. O número máximo de candidatos encaminhados para a entrevista com o requisitante dependerá de fatores tais como urgência no fechamento da vaga e disponibilidade do requisitante para realizar as entrevistas. A entrevista com o requisitante é a última etapa de coleta de informações antes que seja tomada a decisão final, que é o tema que abordaremos na próxima seção.

A decisão final

Após a avaliação dos candidatos, é chegado o momento de escolher aquele que será contratado. Nesse momento, é preciso que fique claro que a decisão não pertence ao selecionador, mas sim ao requisitante da vaga.

As informações coletadas durante o processo de seleção deverão ser consolidadas em um relatório, no qual sejam analisados os pontos favoráveis e os pontos desfavoráveis de cada candidato, tomando como referência o perfil de competências previamente determinado. O relatório tem a função essencial de sistematizar as informações para fundamentar a escolha do candidato mais adequado. Dessa maneira, precisamos estar atentos para o fato de que, na maioria dos casos, o profissional que recebe o relatório não é um especialista em seleção e em avaliação de comportamento. Portanto, ao elaborar o relatório, o selecionador deverá ter a preocupação de usar linguagem clara, objetiva e descritiva, procurando evitar jargões e termos técnicos específicos de determinadas áreas de conhecimento.

O trabalho do selecionador, contudo, não termina com a entrega do relatório. Apesar de a decisão final caber ao requisitante da vaga, é desejável que a avaliação final seja feita em conjunto, pelo requisitante e pelo selecionador. Por mais eficiente que seja um relatório, dúvidas e interpretações distorcidas não estão eliminadas.

Além disso, mesmo que o requisitante tenha participado ativamente do processo seletivo, não é raro, sobretudo com requisitantes com pouca experiência em atividades de seleção, que ele se deixe levar por estereótipos ou características isoladas, desconsiderando aspectos que podem ser mais relevantes para prognosticar o desempenho futuro do candidato. É justamente aí que entra em cena o selecionador, contrapondo, a esses estereótipos e impressões superficiais, a totalidade e a dinâmica do perfil de competências que está sendo procurado pela organização.

A decisão final deve, portanto, ser uma negociação entre a perspectiva do selecionador e a do requisitante da vaga. E, como em toda negociação, depende muito da habilidade de comunicação dos envolvidos. Com relação ao selecionador, este deve trabalhar fornecendo dados concretos, evidências comportamentais do desempenho do candidato. Por exemplo, em vez de dizer que o candidato tem baixa resistência à frustração, é mais eficaz descrever o que o candidato fez, suas ações concretas ao longo do processo seletivo que levaram a essa conclusão. A resistência à frustração atribuída ao candidato não é uma evidência, mas uma conclusão à qual se chegou a partir de comportamentos do candidato.

A argumentação baseada nos comportamentos dos candidatos que geraram conclusões a seu respeito pode facilitar a negociação com o requisitante que, provavelmente, não está habituado com a lógica de avaliação do selecionador. Da mesma maneira, quando o requisitante da vaga apresenta suas impressões, as conclusões que chegou a respeito dos candidatos, é aconselhável pedir-lhe que tente descrever as ações dos candidatos que o levaram a tais conclusões.

A decisão final como um processo de negociação entre o selecionador e o requisitante da vaga não é uma regra. É uma prática recomendável, mas, não é a única possibilidade. Há empresas brasileiras que trabalham com comitês de seleção, que envolvem, além do requisitante da vaga, futuros pares e empregados de outras áreas da organização. Com essa estratégia de tomada de decisão pretende-se amenizar efeitos da subjetividade, pois são várias percepções sobre o candidato que são confrontadas e discutidas. Além disso, busca-se aumentar a probabilidade de escolher um candidato mais alinhado com os valores e as crenças da organização, com "o jeito da organização".

Um bom exemplo dessa prática é o processo seletivo realizado pela Proxis, uma empresa de *contact center* situada em São Paulo, para provimento do cargo de diretor administrativo-financeiro. Foi um processo inovador desde o início, pois, em vez de começar pela área de gestão de pessoas, começou com uma entrevista diretamente com o presidente da empresa. Após uma maratona de cinco entrevistas (online, por telefone, um encontro em um hotel paulistano, uma na empresa e um encontro informal na casa do presidente), o candidato soube que fora aprovado pelo presidente. Mas o processo ainda não havia acabado: haveria ainda uma entrevista com o Comex (comitê executivo da empresa), composto pelos diretores de operações e comercial, futuros pares do candidato. E após essa entrevista, a etapa final: uma entrevista-almoço com seis gerentes, futuros subordinados, com duas horas de duração.

O exemplo da Proxis é importante porque demonstra como é possível fazer da decisão sobre a contratação de um novo colaborador um processo mais democrático, que compromete os envolvidos na decisão, aumentando a probabilidade de acerto na escolha.

Uma vez que a decisão tenha sido tomada, o passo seguinte é avaliar se ele possui condições físicas para desempenhar as atividades que lhe caberão. O exame médico será, portanto, o assunto abordado na próxima seção.

O exame médico

A avaliação médica é uma etapa da seleção indispensável ao sucesso da contratação. É uma prática de proteção, não só das organizações, como do próprio trabalhador, já que objetiva avaliar se as condições físicas dos candidatos são compatíveis com os requisitos físicos das atividades que serão exercidas.

Nessa etapa da seleção, as atividades do selecionador devem estar absolutamente sincronizadas com as atividades do médico do trabalho. Cabe ao selecionador informar ao médico os pormenores das atividades do futuro empregado, para que possam ser identificados todos os requisitos de saúde para um adequado desempenho profissional.

O exemplo que apresentaremos agora ajudará você a ter uma dimensão da importância do exame médico em um processo seletivo. Trata-se de um concurso público, realizado em instituição federal de ensino superior, para o cargo de operador de caldeira de um hospital universitário. O ambiente físico onde as atividades seriam desenvolvidas era bastante inóspito, com exposição a altíssimas temperaturas e muita umidade. O candidato aprovado foi submetido a exame médico e considerado apto para o exercício do cargo. Após duas semanas de trabalho foi internado com uma grave crise de hipertensão. Durante o período de internação foi constatado que se tratava de um paciente hipertenso crônico, que fazia uso de medicação para controle da pressão arterial.

A análise do prontuário do exame médico pré-admissional do empregado não revelava o registro da pressão arterial, nem mencionava o uso de medicação. Após perícia médica, foi determinado que o empregado não poderia exercer as atividades do cargo para o qual prestou concurso, porque estaria sendo exposto a risco de morte. De acordo com a legislação federal em vigor, uma vez que o empregado foi considerado apto para ocupar o cargo, ele não poderia ser exonerado. As alternativas seria a aposentadoria por invalidez ou a readaptação em outro cargo. Esta foi a escolhida. O quadro de operadores de caldeira do hospital ficou desfalcado durante quatro anos, quando novo concurso foi autorizado.

A prevenção de situações como a que acabamos de descrever depende da realização de exames médicos pré-admissionais minuciosos, que investiguem as condições de saúde críticas para cada cargo. Além disso, como medida de proteção contra eventuais ações judiciais, é possível inserir no prontuário do exame médico um campo no qual o futuro empregado declare que não omitiu nenhuma informação sobre a sua saúde.

O exame médico pré-admissional tem a mesma importância, quer estejamos fazendo referência às organizações do setor privado ou às do setor público. Precisamos estar seguros das condições de saúde de nossos empregados, quando eles ingressam na organização. Essa informação é fundamental no momento de avaliar se uma doença foi causada pelo trabalho ou se era preexistente à contratação, fato que pode ser decisivo na determinação de pagamento de indenizações trabalhistas.

Gostaríamos que ficasse bem claro que o exame médico pré-admissional deve se ater àqueles diretamente relacionados aos requisitos das atividades que serão desempenhadas. A desclassificação de candidatos somente será justificada caso eles apresentem condições de saúde que efetivamente impossibilitem o exercício das suas futuras atividades, ou então quando o exercício dessas atividades significar o agravamento de uma condição de saúde preexistente, que possa pôr a vida em risco.

Quando o exame médico conclui que as condições físicas dos candidatos são compatíveis com os requisitos físicos das atividades que serão exercidas, podemos dizer que o processo seletivo está concluído e inicia-se o processo de contratação dos candidatos que foram selecionados. Nesse momento, é fortemente recomendado que forneçamos aos demais candidatos um *feedback* da sua participação no processo seletivo. É esse o tema que abordaremos a seguir.

Feedback aos participantes

Você certamente já participou de processos seletivos. É provável até que já tenha experimentado aquela desagradável sensação de não ter sido selecionado, ficando sem noção de quais aspectos do seu desempenho na seleção foram considerados insuficientes ou inadequados.

Essa situação acontece porque não é prática usual nas organizações brasileiras fornecer *feedback* aos participantes de processos seletivos. O máximo que um candidato pode esperar é receber uma carta padronizada agradecendo pela participação no processo, informando que não foi possível aproveitá-lo naquela ocasião.

Sabemos que a rotina de um selecionador é intensa e é operacionalmente inviável fornecer um *feedback* presencial a todos os candidatos que participam de processos seletivos. Entretanto, acreditamos também que o recente avanço da tecnologia da informação criou condições para o desenvolvimento de procedimentos que possibilitem o *feedback* dos processos seletivos, contribuindo para o aperfeiçoamento dos candidatos não selecionados. Assim, as abordagens estatísticas de seleção a que nos referimos anteriormente facilitam a criação de instrumentos de *feedback*.

Essas abordagens estatísticas, como vimos, se baseiam em pontuações que são atribuídas aos candidatos. Uma vez definido o sistema de pontuação, os pontos de cada candidato podem ser inseridos em uma planilha Excel que, por sua vez, permitirá calcular a média de pontos de cada candidato e a média geral do grupo avaliado. Esse cálculo pode ser traduzido em um gráfico que permitirá a cada candidato comparar seu desempenho com a média de desempenho do grupo. Além disso, a partir da média geral de cada um, é possível traçar um gráfico de dispersão da pontuação, permitindo ao candidato não só identificar em quais competências ele não teve o desempenho satisfatório, como também traçar estratégias para desenvolvê-las.

Um sistema de *feedback* como o que estamos propondo é ágil, pode ser gerado à medida que as pontuações dos candidatos vão sendo inseridas e possibilita o monitoramento dos resultados em gráficos de fácil compreensão.

Além das facilidades operacionais, um sistema de *feedback* ágil confere transparência e credibilidade ao processo seletivo. Podemos ver essa prática como ação socialmente responsável, que revela respeito e consideração pelas pessoas, agrega valor à imagem da organização e contribui para a construção da cidadania corporativa.

Uma vez realizadas todas as atividades que constituem a etapa de seleção, para que possamos garantir a qualidade e o aperfeiçoamento contínuo do processo, é essencial que façamos a avaliação de todo o processo. Esse é o tema que abordaremos em seguida.

Avaliação da seleção

A avaliação da eficiência e da eficácia dos diversos processos organizacionais é condição necessária para atender à demanda de aperfeiçoamento contínuo que é dirigida às organizações. A essência da avaliação é comparar os resultados planejados com os resultados efetivamente obtidos, visando corrigir as eventuais distorções. Esse princípio é perfeitamente aplicável ao processo de seleção de pessoas.

A comparação, que é intrínseca à verificação, depende do estabelecimento de indicadores de desempenho que possam ser mensurados. Um indicador de desempenho pressupõe, em primeiro lugar, a identificação de fatores que irão lhe conferir conteúdo e que serão submetidos à mensuração. Por exemplo: currículos recebidos, candidatos que se apresentam, candidatos indicados para participar do processo seletivo, candidatos selecionados, candidatos indicados para cadastro, tempo de conclusão, custos com o processo, rotatividade de pessoal. Cada um desses fatores pode ser objeto de tratamento numérico.

Uma vez definidos os fatores de avaliação, é preciso estabelecer unidades de medida para definir quantidades destes fatores, permitindo a sua avaliação em números: frequência, percentual, valor, unidade de tempo.

Em terceiro lugar, é preciso definir um algoritmo, que é um processo de cálculo segundo o qual as medidas serão determinadas. Um exemplo clássico de algoritmo consiste no índice de rotatividade de pessoal, que expressa o quociente entre o número total de desligamentos durante o mês e o efetivo médio de recursos humanos no mês. Esse índice pode ser calculado tanto para a organização como um todo, quanto para setores.

De modo geral, índice de rotatividade tem sido o único indicador utilizado para aferir a qualidade das práticas de seleção. Apesar da sua importância e utilidade, este indicador tem um alcance limitado, em função de sua generalidade, uma vez que a rotatividade de pessoal, seja ela baixa ou alta, não depende exclusivamente da qualidade dos processos de seleção. Uma organização pode ser muito eficiente na seleção, mas não ter a competência para reter seus empregados. É necessário, então, que sejam estabelecidos indicadores específicos destes processos, diretamente correlacionados com as operações que os constituem.

Tomando como exemplo os fatores anteriormente definidos, podemos obter os seguintes algoritmos:

- frequência de currículos recebidos/vagas a que se destinam;
- frequência de currículos aproveitados/total de currículos recebidos;
- frequência de candidatos selecionados/total de participantes;
- dias despendidos em cada etapa/tempo total;
- frequência de candidatos indicados para cadastro/total de participantes;
- frequência de candidatos aproveitados do cadastro/total de cadastrados;
- gastos com seleção/orçamento da área de gestão de pessoas.

Todos estes algoritmos permitem o cálculo de medidas referentes ao processo de seleção de pessoas, medidas estas que viabilizarão o tratamento estatístico dos dados, criando as condições para uma avaliação objetiva do processo.

O uso dos indicadores de desempenho citados não esgota as possibilidades de avaliação de um processo seletivo. Recomendamos que seja feita uma avaliação direta com o requisitante da vaga, que deverá fornecer ao selecionador um *feedback* sobre seu grau de satisfação com o processo seletivo, se contemplou suas necessidades, se o mapeamento das competências foi adequadamente realizado, se a quantidade e a qualidade dos candidatos foram satisfatórias, se as técnicas foram adequadas e, ainda, seu grau de satisfação sobre a qualidade do atendimento do selecionador.

A avaliação definitiva de qualquer processo de seleção, contudo, é o desempenho efetivo do novo empregado, que deve ser cuidadosamente avaliado não só durante o período de experiência, como ao longo de toda a sua trajetória profissional na organização. O bom desempenho de um novo empregado é um indicador privilegiado da validade do processo seletivo. Chamamos a sua atenção, leitor, para o caráter sistêmico dos diversos processos de gestão de pessoas, nesse caso específico, para a importância do processo de avaliação de desempenho, como um dispositivo de validação das práticas de seleção. Sem um sistema de avaliação de desempenho formal, bem estruturado e eficiente, não é possível gerar dados que possam ser estatisticamente correlacionados com os dados do processo de seleção.

Apresentamos ao longo deste capítulo as atividades que constituem a etapa da seleção de pessoas, comentando as peculiaridades de cada uma delas e enfatizando as decisões que lhes são inerentes.

Uma das primeiras decisões que o selecionador deve tomar é a escolha das técnicas de seleção que irá utilizar e o planejamento da sua aplicação. No próximo capítulo apresentaremos as técnicas de seleção mais utilizadas pelas empresas brasileiras e daremos subsídios para você escolher as mais adequadas às suas necessidades.

5 As técnicas de seleção

No capítulo anterior, fizemos referência ao papel das técnicas de avaliação no processo de seleção, e da importância da correlação da escolha de técnicas adequadas às competências que serão avaliadas. Para tomar a decisão mais acertada, você precisará conhecer, detalhadamente, algumas das principais técnicas de seleção. Destacamos os testes, as dinâmicas de grupo e a entrevista.

Os testes

Durante muito tempo, o uso de testes em processos de seleção foi um sinal de seriedade, uma garantia de objetividade e cientificidade. Hoje, contudo, os testes não aparecem mais como técnica privilegiada de seleção e sua utilização vem sendo alvo de muita polêmica.

Podemos definir um teste, de acordo com Anastasi (1977), como um instrumento padronizado, construído com base em procedimentos estatísticos, que visa medir um ou mais aspectos da personalidade total, por intermédio de amostras de rendimento ou comportamento. Em um teste, estímulos padronizados são apresentados e, em seguida, solicita-se a realização de uma tarefa. Como estão padronizados os estímulos apresentados, as condições de aplicação e de avaliação serão as diferenças nas respostas, ou seja, na execução das tarefas que foram solicitadas, que refletirão as diferenças individuais de cada pessoa testada.

A utilização de testes em processos de seleção se baseia no valor de predição dos testes, ou seja, na suposição de que há uma estreita correspondência entre o desempenho do candidato nos testes e seu desempenho futuro no trabalho. Tal como afirma Anastasi (1977:26), os testes podem ser considerados amostras de comportamento, a partir das quais é possível fazer predições a respeito de outro comportamento. Os diferentes tipos de testes podem ser considerados variantes desse padrão básico.

Os testes podem ser agrupados em três categorias: os psicológicos, os de habilidade e os de conhecimento. Veremos a seguir os testes psicológicos.

Testes psicológicos

Os testes psicológicos, segundo Anastasi (1977), objetivam avaliar o desenvolvimento intelectual geral, aptidões específicas e a personalidade dos candidatos.

Os testes que avaliam o desenvolvimento intelectual geral, conhecidos tradicionalmente como testes de inteligência, consistem na proposição de várias tarefas que contemplam todas as funções intelectuais importantes, visando gerar um resultado único: o quociente intelectual (QI). A experiência indicou, contudo, que esses testes de inteligência geral acabavam privilegiando certas funções e negligenciando outras. A partir dos anos 1930, o estudo diferencial da inteligência ganhou impulso e gerou os testes de aptidões diferenciais. Como exemplos dessas aptidões podemos citar: o cálculo, a memória, o raciocínio mecânico, o raciocínio espacial, o raciocínio abstrato, a atenção concentrada, a atenção difusa, a capacidade de abstração, planejamento e organização.

Os testes de personalidade são instrumentos para avaliar características emocionais, de motivação, interpessoais e possuem uma peculiaridade com relação aos testes sobre os quais falamos até aqui. Quando utilizamos testes de conhecimento, testes de inteligência geral ou testes de aptidões diferenciais, as questões apresentadas aos candidatos pressupõem uma maneira correta de responder. Um teste de personalidade, contudo, se propõe a identificar aspectos da dinâmica da personalidade de um candidato, mas as questões propostas com esse objetivo não pressupõem que haja uma resposta certa a ser apresentada pelo candidato.

Por exemplo, se utilizamos um teste para avaliar se um candidato é introvertido ou extrovertido, as questões ou atividades do teste exploram situações ou aspectos que funcionam como indicadores de introversão e de extroversão. A frequência de respostas num ou noutro sentido permitirá classificar o candidato como uma pessoa introvertida ou extrovertida e estimar em que nível. Se o candidato apresentar um nível de introversão ou extroversão alto, o trabalho do selecionador será avaliar se essa característica é compatível com o perfil de competência que se está buscando.

A utilização dos testes psicológicos, particularmente no Brasil, enfrenta uma dificuldade pelo reduzido número de estudos e pesquisas adaptados à população local. O resultado bruto de qualquer teste só tem sentido em relação a um padrão estatisticamente definido, a partir da aplicação do teste a uma amostra de uma população específica. Antes de ser disponibilizado para uso geral, um teste precisa ser aplicado em uma amostra representativa da população à qual se destina.

Os resultados obtidos receberão rigoroso tratamento estatístico e gerarão as normas de referência para avaliar o desempenho de pessoas que não constituíram essa amostra. Assim, o escore bruto em um teste de aptidão, ou a frequência de respostas em um teste de personalidade só tem sentido quando confrontados com o padrão estatisticamente definido. Dessa maneira, um candidato que tenha 30% de acerto em um teste poderá ser um candidato com bom desempenho, se a média de acertos da amostra de padronização for 15%.

O exemplo que você acabou de apreciar permite constatar a importância das pesquisas na definição dos padrões de avaliação. Na realidade brasileira, essas pesquisas tornam-se ainda mais importantes, porque a maioria dos testes de aptidão e de personalidade é importada, sendo necessário estabelecer padrões para a população brasileira.

O Conselho Federal de Psicologia (CFP) divulgou, em fevereiro de 2004, uma relação de testes psicológicos que tiveram resultado favorável no processo de avaliação que vem sendo efetivado por uma comissão consultiva em avaliação psicológica. Dos 120 testes catalogados, apenas 55 (aproximadamente 46%) obtiveram parecer favorável da comissão; 52 (aproximadamente 43%) tiveram parecer desfavorável e 13 (aproximadamente 11%) ainda estão em processo de análise. O CFP divulgou também que os testes que obtiveram parecer desfavorável não estão em condição de uso porque não possuem estudos e pesquisas adaptados para a população brasileira ou porque o material para avaliação dos testes, solicitado pelo conselho, não foi enviado em tempo hábil (*Jornal do Conselho Federal de Psicologia*, 2004).

E já que falamos no Conselho Federal de Psicologia, é importante lembrar que a Resolução CFP nº 25/2001, que regulamentou a elaboração, comercialização e uso dos testes, estabelece que os testes psicológicos constituem "método de avaliação privativo do psicólogo". Dessa maneira, optar pela utilização de testes psicológicos em um processo seletivo implicará a necessidade de um psicólogo para conduzir sua aplicação e avaliação.

Além da presença dos profissionais especializados, a opção pelo uso dos testes psicológicos não poderá prescindir de uma análise criteriosa da validade e da fidedignidade desses testes. Ao lado das referências de validade fornecidas pelos próprios editores dos testes e por pesquisas empíricas, recomendamos que as organizações desenvolvam estudos de validação dos testes por elas utilizados, buscando correlações favoráveis entre o desempenho dos candidatos nos testes de seleção e seu desempenho efetivo ao longo da sua permanência na empresa.

Testes de conhecimentos

Os testes de conhecimentos, bastante utilizados em processos seletivos, principalmente em concursos públicos, podem ser classificados em objetivos e discursivos.

O teste objetivo recebe esta denominação porque utiliza questões de resposta direta, como o teste de múltipla escolha. Esse tipo de teste tem como característica um comando, que propõe a questão e várias opções de respostas que são apresentadas ao candidato, tendo este que optar por aquela que responde ao que é solicitado no comando. Os testes objetivos exigem dos candidatos habilidades de leitura, interpretação e crítica. Sua utilização tem algumas vantagens: permite um julgamento mais objetivo das respostas dos candidatos, por meio de sistemas informatizados ou manuais, com base em um gabarito de respostas; a partir da formulação de um grande número de perguntas, consegue-se cobrir vários conhecimentos que são necessários para o adequado desempenho no cargo; possibilita avaliar um grande número de candidatos. Mas sua elaboração é difícil e morosa, requerendo supervisão de especialistas em construção de testes, pois nem sempre o especialista de conteúdo domina as normas técnicas para a elaboração de questões.

Os testes discursivos utilizam perguntas abertas que exploram os conhecimentos necessários para um determinado cargo. Requerem dos candidatos habilidades de leitura e de redação. Sua elaboração é mais rápida, quando comparada ao tempo necessário para elaborar um teste objetivo. Sua aplicação é recomendada para um número reduzido de candidatos. O julgamento das respostas é demorado, difícil e mais subjetivo, estando sujeito à variação de critérios. Para evitar que os avaliadores possam pautar-se por parâmetros muito subjetivos e diferentes, deve-se definir critérios para correção de cada questão do teste.

Diferentemente do teste objetivo, em que para cada questão basta que se indique a opção correta, o gabarito da prova subjetiva é muito mais difícil de ser elaborado. Por exemplo, suponhamos que estejamos avaliando candidatos que irão trabalhar na área de atração e seleção de pessoas e que na prova discursiva tenha a seguinte afirmação: "descreva os procedimentos que você utilizaria para definir um perfil profissional". O gabarito de resposta para esta questão deverá relacionar todos os aspectos que deverão ser abordados e desenvolvidos na resposta do candidato: fazer consultas em documentos estratégicos da organização, analisar as descrições de cargos, entrevistar o requisitante da vaga, entre outros.

Os testes situacionais

Entre os testes de conhecimento, os testes situacionais são uma modalidade dos testes discursivos e são bastante utilizados na atualidade. São constituídos por atividades estruturadas que colocam o candidato diante de uma situação típica de seu dia a dia de trabalho, com vistas a avaliar sua capacidade de percepção, de análise e de solução de um problema concreto. O candidato pode receber a situação-problema por escrito, devendo analisá-la, propor uma solução, descrevendo a forma como atuaria naquele caso.

Em geral, os testes situacionais são elaborados na própria empresa, exigindo um trabalho cuidadoso de pesquisa junto ao requisitante, visando a elaboração de situações-problema que sejam realmente representativas das atividades inerentes ao cargo em questão.

Bueno (1995:202-205) propõe os seguintes passos para elaboração de um teste situacional:

1. Tenha claro o objetivo da contratação, o perfil do cargo, os resultados esperados do novo companheiro de trabalho e o processo seletivo que se delineou, com a participação efetiva do requisitante.
2. Identifique as situações mais comuns do trabalho a ser realizado, sua repercussão para os resultados da empresa ou da área, o contexto empresarial e local, a tecnologia envolvida, a essencialidade e a abrangência das tarefas a serem enfocadas na simulação.
3. Defina com o requisitante a tarefa a ser desenvolvida e a forma de avaliação.
4. Oriente o requisitante quanto à forma de elaboração da prova e defina quem fará a aplicação e a avaliação, que, normalmente, é mais qualitativa que quantitativa.

5. Confira se a atividade escolhida para a prova situacional atende a dois requisitos básicos:
   - essencialidade: grau de importância para o desempenho das atividades. Pergunte-se: Se o candidato fizer isso bem feito, ele dar-se-á bem no cargo?
   - abrangência: volume de atividades relevantes que a prova avaliará. Pergunte-se: Esta prova situacional colocará o candidato frente a uma quantidade razoável de problemas ou desafios que enfrentará no seu cotidiano?
6. Tenha uma logística adequada: local de aplicação, clareza da prova e das respectivas orientações e instruções, tempo para sua realização, material de apoio etc.

Para um teste ser considerado bem elaborado, dentro de padrões técnicos de qualidade, é necessário que seja feito o planejamento prévio das questões. Elas devem variar em termos de grau de dificuldade — fáceis, médias e difíceis — para não se correr o risco de se ter uma prova muito fácil, que não elimina muitos candidatos, ou muito difícil, que elimina muitos candidatos. É preciso, também, que as questões exijam dos candidatos graus diferenciados de complexidade de respostas. Por exemplo, algumas provas requerem dos candidatos somente habilidades de memorização. Se eles decoraram bem o conteúdo do programa, têm uma alta probabilidade de se saírem bem na prova, mas isso não garante que se vierem a ser contratados consigam aplicar seus conhecimentos no trabalho.

Quando as questões exigem dos candidatos níveis de respostas mais complexos, como compreensão e aplicação, temos uma amostra melhor do domínio do candidato sobre os conteúdos relevantes para o desempenho no cargo. Esses tipos de questões requerem, no primeiro caso, que o candidato demonstre que apreendeu o sentido e o significado de um conteúdo apresentado, pois ele terá que articular, associar e interpretar as ideias.

No segundo caso, a pergunta exigirá que o candidato saiba aplicar regras, princípios e modelos a uma situação específica ou situação-problema, o que possibilita inferir que ele consegue transferir os conhecimentos para situações práticas, relacionadas com o futuro trabalho. Portanto, ao planejarmos um teste, as questões devem estar formuladas para exigir do candidato respostas mais complexas, que demonstrem que ele realmente tem um adequado domínio dos conhecimentos que devem ser avaliados.

Testes de habilidade

Se você deseja contratar um motorista, qual você imagina ser a melhor forma de avaliar se ele sabe dirigir? Certamente você pensou em colocá-lo para dirigir um carro e observá-lo. Este é um típico teste de habilidade. O foco é investigar se o candidato sabe realizar uma determinada atividade, se sabe produzir um determinado tipo de resultado.

Em um concurso público para professor, em uma universidade federal, foi realizada uma prova prática na qual os candidatos foram solicitados a desenvolver um projeto de pesquisa sobre um tema sorteado. A própria prova didática, na qual os candidatos devem dar uma aula, serve para avaliar a habilidade de exposição sistemática de um tema, a capacidade de comunicação dos candidatos.

Num processo seletivo para fisioterapeutas, em uma consultoria de qualidade de vida, uma competência fundamental para o cargo era a habilidade em *shiatsu* expresso. Os candidatos tiveram que fazer uma sessão de massagem nos fisioterapeutas que já trabalhavam na empresa. Foi elaborado um roteiro de ações para avaliar os candidatos.

Para a realização de testes de habilidades, ou testes práticos, como são geralmente conhecidos, mais uma vez é fundamental que se tenha muito claro qual é o tipo de resultado que se deseja observar. Valem para os testes práticos as mesmas recomendações sobre essencialidade e abrangência que comentamos a respeito dos testes situacionais.

A utilização de testes em seleção apresenta vantagens e desvantagens. Entre as vantagens, podemos citar a possibilidade de aplicação coletiva, o que significa economia de tempo, uma variável crucial, sobretudo, em processos seletivos que envolvem muitos candidatos. Entretanto, a principal vantagem dos testes é a objetividade que lhes é atribuída. Quer se trate de um teste de conhecimento, de um teste de aptidão ou de um teste de personalidade, trata-se, como vimos, de um instrumento cuja estrutura, aplicação e avaliação são padronizadas. Se a avaliação é padronizada, isso significa que os critérios de avaliação estão previamente determinados, foram estabelecidos com base em dados empíricos e são os mesmos para todo e qualquer avaliador. Dessa maneira, a avaliação não está totalmente submetida ao julgamento subjetivo do selecionador.

Com relação às desvantagens dos testes, uma delas é a possibilidade de manipulação das respostas. Em um teste como o das Escalas de Personalidade Comrey (CPS), constituído por várias asserções sobre as quais o candidato é chamado a declarar o seu grau de concordância, de acordo com uma escala predeterminada, a resposta dada pode não corresponder à verdadeira opinião do candidato, mas sim ao que ele julga que o selecionador considera mais adequado.

É preciso não esquecer que, em uma situação de seleção, fazer um teste não é escolha do candidato nem uma atividade de autoconhecimento. Ser testado é condição para se conseguir um emprego e irá configurar-se como uma situação de competição, na qual qualquer candidato procurará apresentar o desempenho que julga apropriado para a conquista do emprego desejado.

Outra desvantagem refere-se ao uso massificado dos testes, tal como aconteceu com HTP[7] (desenho da casa, da árvore e da pessoa). Trata-se de um teste de personalidade que, de tão utilizado, bem como pela ação inescrupulosa de alguns profissionais que editaram manuais de orientação para a realização do teste, perdeu quase totalmente o seu valor de predição, uma vez que os padrões de avaliação tornaram-se públicos.

Gostaríamos também que você estivesse consciente com relação ao fato de que nenhum teste, por maiores que sejam as evidências empíricas sobre a sua validade e a sua precisão, deve ser utilizado como instrumento único e isolado de avaliação. Os testes devem sempre ser coadjuvantes do processo, atuando como mais uma entre as diversas fontes de dados à disposição do selecionador.

As dinâmicas de grupo

É muito provável que você, se não participou, conheça alguém que já tenha participado de uma dinâmica de grupo, em algum processo seletivo. Talvez, quem sabe, você já tenha utilizado uma dinâmica de grupo como técnica de seleção. Seja qual for a sua experiência com essa técnica, quais são as impressões que ela lhe causa? Qual a vantagem de utilizar essa modalidade de técnica de seleção?

A dinâmica de grupo, utilizada como técnica de seleção, consiste em propor a um grupo de candidatos um conjunto de atividades, tais como: vivências, jogos, simulações, testes situacionais, estudos de caso ou debates sobre temas específicos. Essas atividades atuam como estímulo para deflagrar a interação entre os participantes e promover uma dinâmica de funcionamento que possibilite a observação direta do comportamento dos

[7] Do inglês *house, tree, person.*

candidatos. De maneira geral, as dinâmicas de grupo são indicadas para avaliar habilidades interpessoais e atitudes.

Considerando que em dinâmicas de grupo a observação direta do comportamento dos candidatos é, por excelência, o meio de obtenção dos dados que viabilizarão a avaliação, há dois requisitos essenciais para garantir o bom uso da técnica: primeiro, é imprescindível que as tarefas que serão propostas ao grupo sejam efetivamente capazes de expressar a competência que se pretende observar; segundo, é preciso criar condições que favoreçam a objetividade da observação.

Analisando como a dinâmica de grupo tem sido aplicada em processos seletivos, identificamos várias experiências em que se observa sua má utilização, pela falta de compreensão da técnica e falta de preparo de alguns profissionais. Nessas situações, não percebemos a preocupação com o estabelecimento de parâmetros objetivos para analisar o material comportamental obtido. Se em um processo seletivo pretende-se avaliar a competência "liderança", o mais comum é que o responsável pela seleção consulte algum desses livros que compilam técnicas de dinâmica de grupo, escolha aquela que lhe pareça mais adequada e, assim, planeje a dinâmica. Mas, se você fosse convidado a ser um dos avaliadores do processo, como observaria a liderança? Você sabe o que é liderança? O que você entende por liderança é o mesmo que os outros avaliadores entendem? Será que você e os demais avaliadores estarão observando a mesma coisa?

Para alterar este quadro, conferindo o rigor necessário à observação, é fundamental, como ressalta Bueno (1995), discutir detalhadamente o conceito de cada competência que se pretende avaliar. Contudo, será que uma definição conceitual das competências é suficiente para viabilizar a observação? Se nós dissermos a você que liderança é a capacidade de influenciar um grupo na direção de um objetivo comum, você se sentiria mais seguro para realizar a observação e escolher o melhor candidato? O que você entende por "capacidade de influenciar"? Você acha que os demais avaliadores escolheriam o mesmo candidato?

Para aumentar a probabilidade de objetividade na observação, não seria interessante que pudéssemos definir liderança por meio das ações e dos comportamentos que a caracterizam? Uma definição por meio de ações observáveis e descritíveis é o que Green (1999:49) denomina definição operacional, que utiliza a linguagem comportamental, para descrever aquilo que "você pode ver ou ouvir sendo feito".

Seguindo essa orientação, analise como você se sentiria se nós definíssemos liderança da seguinte maneira:

- fazer afirmações para o grupo que esclareçam os objetivos da tarefa;
- apresentar propostas para realização da tarefa que são aceitas pelo grupo;
- distribuir tarefas entre os membros do grupo;
- integrar diferentes sugestões apresentadas pelos membros do grupo em proposta adequada à realização da tarefa;
- fornecer *feedbacks* positivos sobre o desenvolvimento da tarefa.

Esse tipo de definição facilitaria a observação? Você acha que uma definição operacional, como a que propusemos, aumentaria a possibilidade de consenso entre os avaliadores na escolha de um candidato?

A definição operacional das competências está sendo proposta não só como condição necessária para que você possa fazer a observação, mas também como critério de objetividade para as dinâmicas de grupo, preservando a avaliação dos seus critérios individuais, particulares, circunscritos à sua subjetividade, embora não seja possível eliminá-la.

A definição operacional das competências é uma condição necessária, porém não suficiente para observação mais eficaz. O ato de observar é um dos nossos comportamentos mais rotineiros e a nossa sobrevivência está diretamente relacionada à capacidade de observação do ambiente que nos cerca. Contudo, durante a aplicação de uma dinâmica de grupo, a observação converte-se em instrumento de coleta de dados que irão fundamentar a tomada de decisão que afetará a vida de pessoas e o desempenho de uma organização. Nesse contexto, portanto, a observação requer um caráter mais científico, devendo ser sistemática e objetiva. A observação sistemática de comportamento, além da especificação objetiva do que se pretende observar, a que já nos referimos, requer do observador a capacidade de descrever e de registrar o comportamento observado.

Mas será que você sabe, de fato, o que é observar?

Para compreender melhor a importância da descrição e do registro da observação de comportamento, gostaríamos que você considerasse o seguinte relato: "o professor arrumou a mesa. Depois estava procurando alguma coisa na sua pasta. Aí então saiu da sala para desligar a luz".[8] A situação que acabamos de apresentar permitirá a você compreender dois conceitos muito importantes: sensação e percepção. Segundo Fiorelli (2004:52), "sensação é a operação que possibilita levar ao cérebro informações relativas a fenômenos do mundo exterior, ou do estado do organismo". Essa operação implica um estímulo, que é captado pelos órgãos dos sentidos e que leva à formação de uma imagem mental. A percepção é o processo de interpretação, ou seja, de atribuição de sentido, de significação à imagem mental gerada pela sensação. Como afirma Luria (1991), trata-se de

[8] Fragmento de um relato de uma sessão de observação realizada em sala de aula, na disciplina seleção de pessoas de um curso de graduação em administração.

um processo complexo, influenciado por uma grande diversidade de fatores, entre eles o estado psicológico de quem recebe o estímulo, envolvendo as experiências anteriores, motivação, emoção, expectativas, história de vida.

Voltando ao relato de observação que estávamos analisando, o que o aluno observou foi aquilo que pôde ser captado pela sua visão e pela sua audição: imagem do professor tocando os livros e os papéis, separando livros dos papéis, saindo da sala e o escuro que se formou quando a luz se apagou. Agora, a afirmação "o professor arrumou a mesa" é uma interpretação das imagens que o aluno captou, à medida que atribui uma intenção às ações observadas, procurando lhes conferir sentido. Da mesma maneira, a afirmação "o professor saiu da sala para apagar a luz" também é uma interpretação, que atribui uma finalidade à ação. O aluno sequer viu o professor apagar a luz, mas, ainda assim, estabelece uma associação entre dois fatos: a saída do professor e o apagar da luz.

Danna e Matos (1999) chamam a atenção para o fato de que um relato objetivo deve evitar a utilização de termos que designem estados subjetivos, bem como evitar interpretar as intenções e as finalidades das pessoas que estão sendo observadas.

Para que você possa ser bem-sucedido no trabalho de observação em dinâmicas de grupo, a chave é concentrar a atenção em descrever as ações do candidato. Se você se der conta de que efetuou uma interpretação, julgando ou valorando um fato, procure fazer o caminho inverso: pergunte-se o que o candidato fez, que ações ele executou que levaram você a tal interpretação. Por exemplo: se você julgar que um candidato foi agressivo, procure identificar o que ele fez, que ações executou que o levaram a essa conclusão. Registre essas ações e, ao lado, escreva a sua interpretação para que, no momento adequado, possa confrontá-la com as observações dos outros selecionadores que estiverem participando do processo.

Como você já deve ter percebido, uma dinâmica de grupo, que para muitos seria um processo simples, agradável, lúdico, requer habilidades muito específicas para ser utilizada. Especificamente, requer uma habilidade bem desenvolvida de observação e relato da observação. E, como toda habilidade, só pode ser aprendida e aperfeiçoada com treino específico.

A habilidade de observação não esgota o escopo da competência necessária para tornar mais eficiente e eficaz o uso de dinâmicas de grupo em processos seletivos. Existem fenômenos tipicamente grupais, que exigem o domínio do conhecimento sobre a formação e o funcionamento dos grupos, e que precisam ser considerados para a adequada utilização da dinâmica de grupo, como técnica de seleção de pessoas.

Lewin (segundo Mailhiot, 1981) afirma que a capacidade de produção de um grupo está na dependência da concordância dos seus participantes em participar e da possibilidade de comunicação de modo autêntico. Se confrontamos esses princípios com o *setting* de uma dinâmica de grupo aplicada à seleção, temos que reconhecer que o quadro não é muito favorável. Um grupo de candidatos não é um grupo natural, espontâneo. A participação em uma dinâmica de grupo não é espontânea, mas sim uma condição imposta para se concorrer a um emprego. Temos, então, uma situação na qual se, por um lado, os candidatos concordam em participar, a competição que caracteriza a situação diminui sensivelmente a autenticidade da comunicação.

Schutz (segundo Mailhiot, 1981), outro pesquisador sobre dinâmica de grupo, afirma que se a integração de um grupo não for concluída sua capacidade de criação estará comprometida. O tempo de existência de um grupo formado por candidatos é muito breve e seus integrantes, geralmente, não se conhecem. Mais uma vez, então, verificamos que o contexto de um processo seletivo é desfavorável às dinâmicas de grupo. Como evitar, então, que uma dinâmica de grupo se transforme numa formalidade, numa encenação onde os candidatos se comportam segundo um padrão que eles imaginam que seja o desejado pela empresa?

Para favorecer a integração, as dinâmicas de grupo devem ser iniciadas com atividades de apresentação e integração que visam ao "aquecimento" do grupo, pois, como afirma Bueno (1995:189), "um grupo frio produz pouco. Um grupo aquecido produz resultados significativos". Nessa etapa inicial de aquecimento, a atitude do selecionador é crucial para o sucesso do trabalho, "derrubando barreiras iniciais, descontraindo, transmitindo segurança aos participantes (que não podem ser expostos, ridicularizados, humilhados) e conduzindo a trama de forma profissional, imparcial, séria e envolvente" (Bueno, 1995:189).

Outra recomendação, baseada na teoria do psicodrama proposta por Moreno (1972), é que sejam incluídas atividades lúdicas entre as programadas para a dinâmica. Brincadeiras e jogos são atividades que geram descontração. A estrutura e o conteúdo de uma brincadeira, que não guarda uma correspondência direta com situações técnicas de trabalho, podem contribuir para minimizar a resistência dos candidatos e favorecer a autenticidade do comportamento.

Ainda com base na teoria do psicodrama, outro recurso que pode ser utilizado é a dramatização, ou seja, propor ao grupo que faça uma encenação de uma determinada situação. É importante que a dramatização só aconteça depois que o grupo já estiver aquecido, diminuindo a probabilidade de resistência.

O selecionador propõe o tema da dramatização e os participantes desenvolvem os papéis e a trama. Ao construir e desempenhar os papéis, mesmo que de forma caricatural, os candidatos utilizarão como recurso suas experiências, emoções, informações, sua memória afetiva com relação a um determinado papel ou situação. É verdade que os candidatos podem desempenhar os papéis com base no que imaginam que sejam os requisitos para o cargo a que estão concorrendo. Também nesse caso, quanto mais aquecido estiver o grupo e maior for a integração, menores serão as defesas e maior a probabilidade de autenticidade do comportamento.

A avaliação de competências técnicas também pode ser realizada com a utilização da dinâmica de grupo. Contudo, recomendamos que você procure avaliar essas competências por meio de outro tipo de técnica. Você pode avaliar conhecimento e experiência por meio de um teste escrito ou prático ou em uma entrevista. No entanto, a competência interpessoal, as atitudes de um candidato encontram uma possibilidade de expressão muito peculiar em uma dinâmica de grupo. Se, por questões de funcionalidade, de disponibilidade de tempo, você julgar essencial abordar aspectos técnicos, somente o faça mais para o final da sessão da dinâmica. As chances de você conseguir observar comportamentos mais autênticos são maiores.

Na utilização de dinâmicas de grupo em processos seletivos, você precisará considerar mais alguns aspectos técnicos referentes à aplicação. Um deles refere-se ao tamanho do grupo. Recomendamos o mínimo de oito e o máximo de 12 candidatos. Um número reduzido de candidatos pode empobrecer a diversidade de interação. Um número elevado de candidatos prejudica a capacidade de observação. Lembre-se de que a observação sistemática e objetiva é o meio de coleta de dados utilizado nas dinâmicas. Assim, quanto maior o número de candidatos, maior será a dificuldade para observá-los adequadamente.

Você precisará pensar também sobre quantos observadores participarão da dinâmica de grupo. Sugerimos que, no mínimo, você utilize dois. A probabilidade de que um único observador possa observar e registrar, adequadamente, o comportamento de 12 candidatos é pequena. Além disso, um segundo observador significa a possibilidade de confrontar as observações e verificar a sua precisão.

Sugerimos, ainda, que um dos observadores seja a chefia imediata da posição para a qual a seleção está sendo feita. Como a decisão final sobre a escolha do candidato cabe à chefia imediata, é importante envolvê-la no processo, para que possa ter o maior número possível de informações para fundamentar sua decisão. Contudo, se você vai incluir a chefia imediata ou qualquer outro observador que não seja um especialista em seleção, lembre-se de que ele deverá ser orientado para participar do processo.

As dinâmicas de grupo, como os testes, fornecem muitas informações sobre o candidato. Estas informações possibilitam levantar hipóteses sobre a compatibilidade do perfil dos candidatos e o perfil da função para a qual estão concorrendo. Contudo, é possível que ainda persistam dúvidas, alguns aspectos do perfil de competências do candidato que necessitem ser esclarecidos. A entrevista de seleção é a técnica adequada para esclarecer esses aspectos.

A entrevista

A entrevista é um dos instrumentos de seleção mais utilizados para fundamentar as decisões relativas à contratação de um novo empregado. Consiste na proposição de perguntas aos candidatos, tendo como objetivo avaliar o domínio de determinadas competências relacionadas ao perfil profissional, levantar informações complementares sobre competências que não foram vistas por meio de outras técnicas, investigar mais profundamente aspectos de uma competência que não tenham sido suficientemente explorados e esclarecer fatos, impressões, confirmar ou rejeitar hipóteses que surgiram ao longo do processo seletivo.

Há duas categorias genéricas de entrevista estruturadas e não estruturadas. Nas estruturadas, o candidato é solicitado a responder questões padronizadas, sendo as suas principais vantagens a uniformização das informações coletadas e a cobertura completa de todas as informações necessárias para predizer seu provável sucesso no cargo pretendido, em função do planejamento prévio das perguntas. Já nas entrevistas não estruturadas, são poucas perguntas planejadas. As questões são formuladas à medida que a entrevista prossegue, configurando um cenário onde a avaliação torna-se menos objetiva. Segundo Almeida (2004), estudos empíricos, conduzidos por vários pesquisadores, são unânimes em apontar a superioridade das entrevistas estruturadas sobre as entrevistas não estruturadas.

Seja em uma entrevista estruturada ou em uma não estruturada, diversos tipos de perguntas podem ser formuladas. Vejamos cada uma delas a seguir.

Perguntas técnicas

As perguntas técnicas em uma entrevista visam obter ou aprofundar informações sobre o conhecimento técnico, a experiência profissional e as habilidades técnicas do candidato. As perguntas feitas com esse objetivo geralmente são realizadas pelo profissional a quem o futuro empregado se reportará, mas também podem ser conduzidas pelo selecionador, desde que este conheça em profundidade as peculiaridades técnicas do contexto de trabalho em questão.

Perguntas psicológicas

As perguntas psicológicas em uma entrevista enfocam aspectos da personalidade e da vida pessoal do candidato, abordando temas como família, relacionamentos interpessoais, lazer, história de vida. Trata-se de um tipo de pergunta bastante influenciado pelo modelo clínico da psicologia, com o objetivo de, a partir da investigação de vários aspectos da vida do candidato, compor um perfil psicológico e analisar se tal perfil está adequado ao perfil de competências que se está procurando.

É preciso ser prudente na utilização de perguntas psicológicas em entrevistas de seleção. Primeiro, tão importante quanto formular adequadamente a pergunta é ser capaz de analisar a resposta. E essa análise requer um conhecimento sólido sobre dinâmica de personalidade que permita interpretar adequadamente as informações fornecidas por candidatos. E tal conhecimento depende de uma formação específica, no caso, a psicologia.

Analisando as informações da pesquisa realizada por Faissal (2002), encontramos a distribuição da formação dos profissionais responsáveis pelos processos seletivos, entre administradores (24%), psicólogos (66%) e outros com nível superior (10%). De acordo com esses dados, 34% dos profissionais que atuam em seleção não teriam a formação adequada para utilizar perguntas psicológicas.

É importante lembrarmos que, se entre as técnicas adotadas para determinado processo seletivo estiver incluída a utilização de testes psicológicos, a análise adequada das informações que foram coletadas por esses testes vai requerer, necessariamente, uma entrevista que aprofunde a dimensão psicológica. Tal entrevista deverá ser conduzida por um psicólogo, profissional indicado para estabelecer as conexões necessárias entre os dados e emitir um parecer.

Perguntas situacionais

As perguntas situacionais são formuladas enfocando situações características do trabalho que poderá vir a ser executado pelo candidato. Um exemplo típico desse tipo de pergunta é: você está trabalhando na campanha publicitária de um importante e tradicional cliente da empresa e seus prazos já estão bastante apertados. Seu diretor acabou de informar que incluiu você na equipe de um novo projeto, que poderá significar conseguir para a agência uma das maiores contas do país. Como você conduziria essa situação?

A pergunta situacional tem a vantagem de focalizar as perguntas em situações de trabalho específicas, que são customizadas às peculiaridades de cada organização. Contudo, as perguntas remetem o candidato para o plano da idealização, para uma situação hipotética. Entre saber o que pode ser feito em uma situação e efetivamente agir de acordo com o que a situação requer há uma grande diferença.

Perguntas comportamentais

O conceito fundamental das perguntas comportamentais, segundo Reis (2003), é de que exemplos comportamentais (fatos específicos da experiência passada) são a melhor maneira de prever o comportamento futuro de um candidato. Em vez de fazer perguntas ao candidato que o remetam a situações hipotéticas, condicionais, o entrevistador formula a pergunta solicitando ao candidato que descreva uma situação concreta, que ilustre a competência que se pretende analisar.

Vamos tomar como referência a pergunta situacional que usamos anteriormente. Uma pergunta com aquele conteúdo estaria avaliando competências como capacidade de administração do tempo, planejamento, organização e negociação. Tomando como base essas competências, podemos fazer a seguinte pergunta comportamental: em sua experiência profissional você já passou por situações nas quais esteve envolvido em várias atividades, com prazos apertados e novas atividades sendo delegadas para você? Descreva essa experiência e o que você fez para lidar com a situação.

Você percebe que, ao formularmos a pergunta dessa maneira, enfatizando a experiência concreta passada do candidato, aumentamos a probabilidade de obter uma resposta mais realista, que oferece dados mais precisos sobre as competências do candidato? Pela análise desses dados, temos um indicador mais seguro de como ele lidará com situações semelhantes no futuro.

Embora o pressuposto de que o comportamento passado seja um indicador da probabilidade de comportamentos futuros, tendo larga aceitação nas ciências comportamentais e, de certa maneira, também no senso comum, não podemos deixar de considerar que se é o melhor indicador, não é absoluto e infalível, pois as pessoas mudam e se distanciam de seus padrões comportamentais anteriores. Nós aprendemos constantemente. Nossas experiências passadas e as consequências que elas trouxeram para nós podem nos ensinar comportamentos diferentes.

De acordo com Reis (2003), as perguntas comportamentais devem ser abertas e específicas, utilizar verbos de ação no passado e ter o foco em competências. O seu principal objetivo deve ser obter exemplos comportamentais, ou seja, descrições de fatos específicos da vida que podem ser usados como evidências de uma competência.

Exemplos comportamentais são obtidos na entrevista, à medida que concedemos tempo suficiente ao candidato para lembrar de algum fato relacionado às perguntas que estão sendo feitas. Tipicamente, quando um candidato começa a dar um exemplo comportamental, ele interrompe o contato visual com o entrevistador, para por alguns segundos enquanto pensa ou visualiza um exemplo, e então retoma o contato visual e descreve um acontecimento específico de sua vida. Estas descrições são acompanhadas de referências de tempo, datas, números, locais e quaisquer outras particularidades que evidenciam que o fato realmente ocorreu.

Na entrevista comportamental, sempre que o entrevistador estiver formando um quadro muito favorável ou desfavorável sobre as competências do candidato, deverá formular perguntas que forneçam evidências contrárias à tendência dominante. Se estiver sendo avaliada a capacidade de obedecer a normas e procedimentos, e o candidato apresentar vários exemplos de situações nas quais não agiu de acordo com as normas, o entrevistador deve fazer perguntas buscando respostas que evidenciem situações em que o candidato obedeceu às regras e achou justificável fazê-lo. Da mesma maneira, se a impressão formada for muito positiva, com as respostas do candidato mostrando que ele sempre obedece às normas e aos procedimentos, então o entrevistador deverá fazer perguntas buscando exemplos que evidenciem o padrão oposto de comportamento.

Os tipos de perguntas que foram apresentados podem ser combinados em uma mesma entrevista, e isso acontece com frequência no cotidiano organizacional. Seja qual for o tipo de pergunta a ser utilizado, além das questões de formação profissional que já destacamos, o entrevistador deve estar cuidadosamente preparado. Isso significa preparar o ambiente da entrevista, garantir que não haverá interrupções, fazer a leitura prévia do currículo de cada candidato, sintetizar as informações levantadas até então, e criar uma lista de perguntas específicas relacionadas às competências que serão avaliadas.

Recomendamos que sejam feitas anotações breves sobre as respostas do candidato. Confiar na memória pode ser um risco, principalmente quando realizamos várias entrevistas seguidas, o que aumenta a probabilidade de confusão nos dados. Em alguns casos, quando o candidato diz alguma coisa muito significativa, é importante transcrever exatamente o que foi dito.

O selecionador deverá informar ao candidato que irá fazer anotações, enfatizando que quer ter certeza de não esquecer de fatos importantes sobre sua experiência ou sua história de vida. Anotações também podem ser utilizadas como forma de comunicar ao candidato que você está muito empenhado em obter o máximo de informações sobre suas habilidades.

Recomendamos ainda que você tome cuidado com o seguinte: muitos entrevistadores acabam deixando a avaliação do candidato ser conduzida por preconceitos e estereótipos. Impressões e sentimentos imprecisos sobre um candidato a emprego são parte da informação total que surge na entrevista. É preciso não se deixar levar por elas. Você deve utilizar essas percepções como hipóteses a serem verificadas, como uma fonte de inspiração para a formulação de perguntas que ajudem o candidato a fornecer evidências concretas que confirmem ou rejeitem suas hipóteses.

Há pessoas envolvidas em processos seletivos que consideram a entrevista como o melhor procedimento de seleção, podendo inclusive ser o único adotado. Entretanto, repetimos o alerta de que nenhum procedimento deve ser utilizado isoladamente. Como demonstrado no quadro 4, sobre as técnicas mais utilizadas em seleção de pessoal, esse alerta tem sido considerado pelas organizações brasileiras.

Quadro 4

TÉCNICAS DE SELEÇÃO MAIS UTILIZADAS

Técnicas de seleção	Percentual
Entrevista	100
Teste de conhecimentos	70
Teste situacional	70
Dinâmica de grupo	78
Teste psicológico	64

Fonte: Faissal (2002).

A análise de Faissal (2002:83) também confirma a necessidade do nosso alerta:

> Os elevados percentuais obtidos por vários procedimentos significam que dois ou três deles são utilizados simultaneamente em cada processo, além da entrevista, presente em todos. Cabe ressaltar que a unanimidade atingida pelos participantes na preferência do procedimento Entrevista não significa, em hipótese alguma, que este seja o procedimento mais recomendado para a seleção de pessoas, até porque a subjetividade presente durante uma entrevista é a maior entre todos os procedimentos.

O valor da interação social propiciado pela entrevista é inegável, mas sua utilidade só atingirá níveis de excelência à medida que sua utilização se constituir em uma ferramenta de síntese de todos os resultados.

Verificação de referências

A avaliação no processo seletivo, mesmo que tenha sido conduzida com rigor e cautela, trabalha com hipóteses formuladas com base nas informações fornecidas pelos próprios candidatos. Não podemos descartar a possibilidade de que o candidato manipule algumas informações a seu respeito. Por isso, uma etapa importante, mas frequentemente negligenciada pelos selecionadores, é o levantamento de referências sobre o candidato.

Uma fonte tradicional de referências é fazer pesquisa nas organizações que o candidato tenha trabalhado. O próprio candidato fornece essa informação, que geralmente consta do seu currículo, ou na ocasião do preenchimento de formulários de solicitação de emprego, ou ainda no momento da entrevista com o selecionador. Algumas empresas, como a paulista High

Quality Consultores, utilizam formulários específicos no qual o candidato deve registrar, entre outros dados, seus três últimos vínculos de trabalho, informando o nome, o endereço e o telefone da organização, data de admissão e de demissão, motivo da demissão, cargo ocupado e nome da chefia imediata. Devemos buscar como fonte de consulta preferencial os chefes anteriores, mas também podemos consultar colegas de trabalho e clientes.

De maneira geral, a coleta de informações é feita por telefone. Atualmente, a internet é uma ferramenta poderosa de auxílio nesse trabalho de busca de referências. Formulários eletrônicos podem ser enviados por e-mail para os contatos indicados pelo candidato. Contudo, à praticidade do envio podemos contrapor o baixo índice de retorno desses formulários. Por isso, acreditamos que os contatos por telefone ou visita pessoal, realizada por pessoa da própria organização ou de empresas especializadas nesse tipo de atividade, sejam as formas mais eficazes das informações desejadas serem obtidas.

A verificação de referências pode ajudar a evitar problemas futuros. Como exemplo, podemos citar o caso da filial brasileira de uma empresa multinacional,[9] que estava selecionando um novo gerente financeiro. Um dos candidatos, de acordo com o relato de um dos selecionadores, "havia encantado e conquistado a todos". Um dos selecionadores envolvidos no processo estabeleceu contato por telefone com o último empregador desse candidato, com o objetivo de obter referências. Todas as perguntas propostas foram respondidas com um "nada consta". O candidato foi, então, encaminhado para entrevista na matriz da empresa, situada nos Estados Unidos, onde também causou uma excelente impressão. Outro selecionador, que tam-

---

[9] Por solicitação da empresa, seu nome e o segmento de atuação foram omitidos.

bém participava do processo seletivo, estranhou que a verificação a respeito de alguém, que ocupou função tão importante, tivesse gerado respostas tão formais e insistiu na investigação até que, tendo se comprometido com o absoluto sigilo, foi informado de que o candidato estava sendo processado pela empresa, em virtude de irregularidades ocorridas durante o período que esteve à frente da gestão financeira.

O caso que acabamos de apresentar serve para chamar sua atenção, leitor, não apenas para a importância de verificar as referências dos candidatos, como também para o cuidado que devemos dispensar para as respostas recebidas. Não devemos nos contentar com respostas vagas, lacônicas e genéricas. Devemos insistir na verificação, até que tenhamos obtido um quadro satisfatório sobre o desempenho do candidato. Para isso, precisaremos estar preparados para lidar com a resistência comum entre as organizações de fornecer informações sobre desempenho inadequado de ex-empregados.

Além das informações referentes a vínculos de trabalho anteriores, Milkovich e Boudreau (2000) e Bohlander, Snell e Sherman (2003) relatam a utilização de verificações sobre a vida acadêmica, sobre registros de trânsito e verificações de crédito. No Brasil, é comum solicitar a apresentação de atestado de bons antecedentes criminais.

Há muita polêmica em torno da verificação de referências, sobretudo daquelas que extrapolam as experiências de trabalhos anteriores e enfocam aspectos da vida privada do candidato. As empresas receiam ser processadas por candidatos que sintam sua privacidade ter sido invadida, ou por candidatos que foram preteridos, em razão de alguma informação que não esteja diretamente associada a aspectos profissionais.

Preterir um candidato com base em referências desfavoráveis é, sem dúvida, uma proteção para a organização que está contratando. Contudo, como garantir que há uma correlação positiva entre referências desfavoráveis e desempenho no trabalho? Como garantir, por exemplo, que um candidato cujo nome conste no cadastro de inadimplentes do Serviço de Proteção ao Crédito (SPC) apresentará problemas de desempenho no trabalho? Se pensarmos especificamente no caso brasileiro, com os atuais níveis de desemprego e o baixo poder aquisitivo dos trabalhadores, até que ponto a condição de inadimplente no SPC seria um indicador válido de desempenho futuro no trabalho?

Um exemplo que envolve a utilização criteriosa das informações sobre antecedentes criminais é o de um processo seletivo que ocorreu na Mesbla S.A., na filial de Volta Redonda, Rio de Janeiro, para o cargo de fiscal de loja. O levantamento sobre antecedentes criminais revelou que um dos candidatos escolhidos estava respondendo a processo por consumo de drogas. Essa informação poderia ter selado o destino desse candidato no processo seletivo, não fosse a intervenção do juiz responsável pelo caso, solicitando que fosse dada uma chance ao candidato, cuja contratação ficaria condicionada a acompanhamento conjunto feito pelos profissionais de gestão de pessoas da empresa e pelo próprio juiz. O candidato foi admitido e permaneceu na empresa até seu fechamento.

O caso da Mesbla ilustra bem a relatividade de referências pessoais negativas, quando utilizadas como critério de decisão em processos seletivos. Uma decisão que pretende proteger a empresa pode acabar se constituindo em prática discriminatória, podendo mesmo vir a gerar ações judiciais.

Para se proteger de ações judiciais, muitas organizações solicitam aos candidatos a assinatura de um documento formal, autorizando a verificação de referências. Esse documento, contudo, não configura uma proteção integral contra futuros questionamentos jurídicos. Considerando que todo processo seletivo é uma situação em que as partes envolvidas não se encontram em igualdade de condições, condições essas que são amplamente favoráveis às organizações contratantes, podemos ter configurada uma situação de coerção sobre o candidato, que pode concordar em assinar com medo de ser automaticamente eliminado do processo seletivo.

O resultado da aplicação das técnicas de seleção trará para a organização as competências de que necessita para manter-se competitiva. O capítulo seguinte resume duas outras importantes atividades daqueles que têm como responsabilidade a gestão de pessoas: reter as pessoas competentes na organização, sem aprisioná-las; e desenvolvê-las, para que continuem competentes.

6

A evolução de um processo seletivo

Devemos lembrar que um processo seletivo não acaba quando a posição em aberto é ocupada. Cabe ao selecionador acompanhar os primeiros passos do candidato recém-escolhido em sua trajetória na organização e, se preciso, auxiliá-lo, posteriormente, em sua recolocação no mercado de trabalho. Acompanhamento, carreira e recolocação são os assuntos deste capítulo.

O acompanhamento

Na fase final de uma seleção, e ainda como parte do processo de escolha, o candidato selecionado é submetido ao exame de saúde ocupacional, para depois apresentar a documentação e cumprir os trâmites administrativos da admissão.

Os primeiros dias de trabalho são, usualmente, preenchidos por programas de aculturação e ambientação, visando uma rápida adaptação e ampliação do conhecimento mútuo: novo empregado e empresa. É nesse momento que a área de atração e seleção tem um papel importante, embora pouco valorizado: acompanhar a trajetória do recém-admitido.

O acompanhamento permite ao selecionador avaliar o seu trabalho e aprender com erros e acertos do processo seletivo. Entrevistas estruturadas com os envolvidos e a solicitação de preenchimento de formulários de avaliação são caminhos que permitem o registro dos primeiros meses de adaptação do empregado e medidas de sua satisfação, bem como da do gerente e dos colegas de trabalho. Observação e bate-papos informais também são válidos e devem ser registrados. Sinais de desmotivação podem ser revertidos logo que percebidos, a partir de muita informação, seja sobre o trabalho a ser executado ou a respeito da empresa e das possibilidades de crescimento que ela oferece.

A percepção de que a empresa se preocupa com sua adaptação aumenta a autoestima do recém-admitido e a credibilidade dele na organização. Uma carreira de sucesso também depende de um início de vida profissional bem-sucedido.

O que você quer ser quando crescer?

Esta é uma pergunta que se faz e se escuta ao longo da vida. O que não se ouve com frequência são respostas seguras, principalmente quando vêm de jovens que estão despertando para a vida profissional. Quando se fala de adolescentes isto é natural, mas o que dizer de profissionais recém-formados ou já amadurecidos profissionalmente que ainda hesitam quando o assunto é planejamento e gestão da própria carreira?

Muitas destas pessoas têm como prioridade ganhar cada vez mais dinheiro, e pensam em si antes dos resultados que podem obter para a empresa. Algumas são bem-sucedidas em suas organizações, mas decidem mudar de carreira ou ter seu próprio negócio. Há quem diga que, para a manutenção da empregabilidade, o melhor é mudar de empresa a cada cinco anos. Em quaisquer das escolhas, as oportunidades disponíveis são menores do que o número de interessados. Quem quiser conquistá-las, deverá usar de sabedoria, ter persistência e foco no alcance dos objetivos. Há mais chances de uma carreira ser bem-sucedida se ela for bem planejada.

No planejamento de uma carreira, atender às exigências do mercado e da organização, usar da criatividade fazendo o que se gosta, torna-se fundamental. A gestão da própria carreira faz parte do planejamento de vida do indivíduo. Trata-se, portanto, de escolhas.

Como base para estas escolhas, algumas perguntas precisam ser feitas. Você quer ser empregado ou ter o próprio negócio? Trabalhar em empresa privada ou pública? Ser especialista ou gerente? Estaria disposto a deixar a sua família, mudar de domicílio ou mesmo de país, priorizando a sua carreira? É bom lembrar que, caso escolha trabalhar como empregado, parte da sua carreira depende, por exemplo, de como você identifica a cultura da organização e o sistema de avaliação adotado por ela. A outra parte depende da empresa, de como ela estimulará seu crescimento, de como está arquitetada a estrutura empresarial etc.

Caso você opte por ser patrão, lembre-se de que não significa trabalhar só quando desejar já que o controle e a geração de renda estão integralmente em suas mãos.

A gestão da carreira também está em suas mãos. O importante é você fixar objetivos e ajustá-los às diferentes situações, sejam elas intempéries ou convites inesperados que exijam novas escolhas e eventuais mudanças de rumo.

Savioli (1991:12) ensina que "a carreira — como os homens e as organizações — nasce, cresce, amadurece e morre". Segue, portanto, um ciclo de vida que merece ser mais detalhado.

No início da vida profissional, o investimento é maior em dedicação ao trabalho e na busca de conhecimento. Requer mais especialização do que *expertise*. Lievegoed (2002) acredita que o jovem, aos 20 anos, deve buscar a própria orientação na vida, experimentando o maior número de situações e desafios possível. A partir daí, segue a regra de mudança da situação de trabalho, que não implica, necessariamente, mudar de emprego. Há organizações que privilegiam os processos internos de seleção, com oportunidades de mudanças de área de atuação, promoção vertical ou oportunidades de ampliação (*enlargement*) da complexidade das atuais tarefas exercidas.

Dutra (2004) classifica os processos de gestão de carreira quanto à natureza de seus objetivos e parâmetros:

- movimentação — oferece suporte a toda ação de movimento da pessoa que estabelece uma relação com a empresa, independentemente de seu vínculo empregatício. Incluem-se captação, transferências, promoções, recolocação e expatriação;
- desenvolvimento — concentra todos os processos com o objetivo de estimular e criar condições para o desenvolvimento das pessoas e da organização, inclui capacitação, carreira e desempenho;
- valorização — cria parâmetros para distinção e valorização das pessoas que estabelecem alguma relação com a empresa, envolvendo práticas como remuneração, premiação, serviços e facilidades.

Dando continuidade ao pensamento de Lievegoed (2002: 100): aos 30 anos, "o indivíduo tem que provar que pode sustentar-se". É a fase de "perseveração" no campo escolhido. Já na metade dos 30, sua capacidade de trabalho se consolida e com ela aumentam a autoestima e a certeza do esperado.

Aos 40 anos, o homem vai ao encontro de novos valores, acometido de dúvidas sobre a continuidade e a qualidade do seu desempenho. É o momento para reavaliar sua posição, buscar novos métodos e rumos no que faz, fazer diferente. Surgem outras escolhas, como se manter especializado ou optar por uma posição gerencial.

Aos 50, o essencial é a exploração de tudo que aprendeu, sem deixar de fazer coisas diferentes que o mantenham jovem, como a arte e a dança.

Podemos acrescentar que, com o envelhecimento tardio, deve-se ter sempre em mente a nova carreira após os 60. Pensar no longo prazo significa entender que você caminha em alguma direção, ou corre o risco de não chegar a lugar algum.

Do ponto de vista da organização, cabe a ela mostrar aos seus empregados onde estão as oportunidades de crescimento, mas, acima de tudo, conhecer as competências que estão ao seu dispor e podem ser exploradas para o bem comum. Neste ponto, a atividade de seleção de pessoas tem uma enorme contribuição a dar: o estagiário de hoje pode ser o presidente de amanhã.

Mas tudo isto vale se você gosta do que faz. Caso contrário, talvez esteja na hora de virar o jogo, nem que para isto seja preciso mudar de carreira, fazer uma nova faculdade, trocar de empresa ou ir para uma carreira solo. Quem sabe, ser consultor?

Quem quer ser consultor?

Há ocasiões em que, por melhor que seja o trabalho compartilhado, realizado com outras pessoas da mesma equipe, nossas asas se agitam e nos impelem para um outro tipo de voo, o solitário voo da águia. É chegada a hora de seguir a carreira solo.

O momento da decisão é difícil para a maioria das pessoas, mas, se você percebe que a hora é essa, é porque confia na sua capacidade. E é bom confiar mesmo, pois vai precisar muito dela daqui para frente.

Todo esse caminho pode e deve ser liderado por você, mas considere a opção de ouvir a opinião de outras pessoas, reunindo informações importantes antes de tomar suas decisões. Compartilhe seus objetivos e também as oportunidades com aqueles em que você confia. Podem ser outros profissionais, sua família, aposentados ou mesmo um consultor ou empresa especializada neste tipo de atividade. Porém, a responsabilidade pela decisão, com suas consequências positivas e negativas, é, e sempre será, sua. A sabedoria popular é clara: "cada cabeça uma sentença", e quando se trata de decidir com mais assertividade, a sugestão é: "duas cabeças pensam melhor do que uma".

Faça também uma autoavaliação, conheça suas competências, suas forças e fraquezas. Entenda que nem todos têm perfil empreendedor. Considere também que uma carreira solo exige um mínimo de habilidades administrativas, mesmo que você contrate alguém para fazer isto.

E aí, você está mesmo pronto para o voo solo? Caso a resposta seja positiva, vá em busca daquilo em que você acredita. Caso contrário, pense um pouco mais, converse bastante sobre o assunto, peça orientação, prepare-se dia a dia, e coragem na escolha do caminho, seja como empregado, seja como patrão.

Orientação vocacional e profissional

A expressão "o importante é ser feliz" não deve ser encarada como romantismo poético, restrita apenas aos seguidores da doutrina Zen.[10] Historicamente, até agora ninguém se tornou herói ou profissional de sucesso sendo infeliz consigo mesmo; nem Woody Allen possui essa característica. Por isto, atender às possibilidades e aos objetivos e limites da sua vocação, aquilo de que você é capaz de fazer e com o que você se sente bem, é um passo importante a ser considerado. Aos 15 anos,

[10] Zen significa entender a si mesmo completamente e então ajudar o nosso mundo (Mestre Zen Dae Kwang).

essa escolha vai levá-lo ao mercado de trabalho em meio a uma crise de identidade. Aos 40, novas reflexões e crise de posicionamento na carreira.

Considere, inicialmente, o adolescente de 15 a 18 anos. Nessa fase, a maioria não está amadurecida para fazer uma escolha responsável por determinada profissão. Qualquer decisão, geralmente carregada de insegurança, vai influenciá-lo no futuro. Como aprendiz, experimenta oportunidades e percepções que o auxiliam na compreensão nesse período da vida profissional e, muitas vezes sem orientação, direciona a escolha de sua profissão. É comum ouvirmos que há dúvidas entre ser veterinário ou juiz de direito, por exemplo.

Para os adolescentes do sexo masculino, a obrigação do serviço militar é uma oportunidade para experimentar e seguir as Forças Armadas, ou uma ruptura temporária da trajetória recém-escolhida, ainda completamente intuitiva. A profissão e o desejo dos pais também são fontes de referência do caminho escolhido, nem sempre coincidentes com seus reais interesses.

A submissão a um processo de orientação vocacional pode ajudar os jovens na busca de sua identidade, crise psicológica típica da idade e na identificação de seus interesses e competências. A observação destes conceitos é importante na avaliação de programas de *trainees*. "Conhece-te a ti mesmo" é muito mais do que apenas um enigma grego e só aquele que se conhece saberá como potencializar seus pontos fortes para compensar suas fraquezas; jamais o contrário.

A linha psicológica, tradicionalmente utilizada, baseia-se na aplicação de inventários de interesses e em teste de aptidão, seguidos de uma série de entrevistas. Uma linha mais atual é feita, usualmente, com grupos de estudantes que expõem e trocam suas dúvidas e receios, recebem material de leitura e participam de palestras orientadoras de acordo com o interesse e perfil de cada um.

Vamos focar agora os profissionais de 40 anos, idade em que, de modo geral, ocorre uma segunda crise. Já tendo atingido a maturidade profissional e cansados de experimentação, homens e mulheres tomam consciência do que vivenciaram profissionalmente e do que está por vir. Sabem que o sucesso no passado não garante as vitórias no futuro e se perguntam se realmente são tão bons quanto acham que são.

É o momento em que optam, ou são levados a decidir, por serem especialistas ou por uma carreira gerencial. Ganhos financeiros apontam o caminho gerencial, mas isto significa deixar de lado a carreira de especialista — pelo dinheiro, pelo poder. Como especialistas, descobrem que a credibilidade é reforçada pela idade e pela experiência, afinal já passou a fase de aprendiz. Buscam aprofundar e focar conhecimentos, ao invés de ampliar e divergir como na fase anterior, enquanto se questionam se este é realmente o caminho, se sua carreira não estaria estagnada, se talvez não fossem mais felizes em outras organizações, em um negócio próprio, quem sabe? Dúvidas, dúvidas e dúvidas! São conflitos naturais, inerentes ao momento e ao ser humano. Embora seja uma fase altamente promissora, é também uma fase difícil.

Uma prática que apresenta bons resultados, nesses casos, é a busca de orientação profissional na condução estratégica da carreira desses profissionais. Por meio de muita conversa com o cliente e ferramentas que auxiliam o diagnóstico, especialistas no assunto tentam descobrir as causas das insatisfações e das inseguranças. Em conjunto, avaliam os reais interesses, as competências e barreiras do caminho escolhido.

O respeito às características individuais é ponto de partida para uma orientação profissional de sucesso. Tanto orientador, quanto orientado devem ter em mente que as exigências do mercado de trabalho são crescentes, mas que ninguém sabe tudo o tempo todo; há limitações. Nosso cérebro, por exemplo, é dividido em dois hemisférios, direito e esquerdo, que se integram. O direito é responsável por abrigar e fazer desabrochar a espontaneidade, a intuição, o raciocínio não linear, a veia emocional, romântica, mística e subjetiva, enquanto é no esquerdo que estão hospedadas a objetividade, a veia calculista e os raciocínios lógico, analítico e linear. As pessoas são diferentes e suas competências também.

Apesar das diferenças, há harmonia entre as funções dos dois hemisférios, mesmo quando, sob a dominação de um dos lados, tomamos nossas decisões e fazemos escolhas. Pessoas com o lado direito dominante são mais emotivas, criativas e comunicativas. Naquelas em que há o domínio do lado esquerdo a tendência é a de que sejam mais analíticas, práticas e deem mais importância aos detalhes.

Embora a natureza nos tenha dotado de uma característica ou de outra, cientistas dizem que é possível estimular qualquer um dos lados e treinar formas de raciocínio. Portanto, há possibilidade de os profissionais se adequarem em direção ao objetivo desejado, ajustando suas competências, para adicioná-las aos seus valores, desejos e anseios de poder. A orientação profissional ajuda a fazer isso.

Internamente, nas organizações, gestores são treinados para atuar como orientadores de carreira, em programas que visam à identificação e ao desenvolvimento de competências nas pessoas sob sua liderança. Ao auxiliar os empregados a construírem seu portfólio de competências, por intermédio de seus gestores, a empresa, consequentemente, também busca:

- reduzir *gaps* (lacunas) entre competências existentes e competências necessárias;
- antecipar suas necessidades de competências, em razão da dinâmica do mercado;
- formar, internamente, seu banco de talentos;

- reduzir os efeitos negativos das demissões sobre o clima organizacional;
- atenuar os conflitos nas relações com grupos coletivos (sindicatos, associações etc.);
- fortalecer sua imagem no tocante à responsabilidade social.

Entretanto, nem sempre as oportunidades estão disponíveis no momento em que um empregado desenvolve uma ou mais competências necessárias, da mesma forma que candidatos competentes podem não ser encontrados quando as oportunidades surgem. A saída para esse impasse é a manutenção de um banco de talentos, constantemente atualizado, como foi descrito no capítulo 3.

Mas nem sempre é possível só acumular competências e precisamos abrir espaço para a aquisição de novas competências. Assim como cuidam da contratação, os gestores devem cuidar da recolocação daqueles que deixarão a organização.

Recolocação de pessoas

A recolocação profissional surgiu no Brasil no início da década de 1980, sob a denominação *outplacement*, e foi oferecida às organizações como um serviço de "seleção a custo zero". As poucas empresas que se aventuraram a oferecer esse serviço apostavam que o mercado em recessão canalizaria para si os clientes das "agências de emprego", como eram reconhecidas na época, o que não aconteceu.

Nesse período, os profissionais em disponibilidade no mercado adquiriam pacotes de serviços que incluíam, entre outros, elaboração de currículo, treinamento em técnicas de seleção, principalmente entrevistas, e envio de mala direta, pelos quais pagavam aos prestadores dos serviços o equivalente ao valor da média do seu salário anual, em alguns casos incluindo bonificações e outras vantagens recebidas. O serviço de "seleção a custo zero" oferecido às organizações era, efetivamente, patrocinado pelo candidato, que arcava com um custo elevado.

Inicialmente, essa modalidade de serviço mostrou-se ineficaz, principalmente em razão de prestadores que ofereciam "a garantia de um novo emprego", quando não detinham as vagas disponíveis em seu "estoque de oportunidades". Embora ainda não fosse tão exigente quanto hoje, o cliente se afastou do serviço e, em raros casos, interpelou judicialmente as empresas pelo uso do que consideramos propaganda enganosa.

Uma década mais tarde, o serviço passou a ser mais bem compreendido e, é claro, executado, atraindo como potenciais clientes não só pessoas físicas, mas grandes organizações. Estávamos sofrendo enxugamento nos quadros de pessoal, sob a bandeira da má aplicação dos princípios da reengenharia.

Críticas à parte, a recolocação profissional começou, então, a ser incluída nos procedimentos de desligamento. Do executivo ao operário, muitos empregados foram beneficiados por programas de recolocação. Algumas empresas já incluem a recolocação não como uma atividade posterior ao vínculo empregatício, mas sim como política, o que auxilia as atividades de atração e retenção de talentos.

Os "pacotes" variam de empresa para empresa, mas não diferem muito do que já mencionamos. Os custos continuam a ser calculados sobre as bases já citadas. A principal diferença está na relação entre o ônus e o bônus. Quando a empresa adota a política de recolocação de pessoal, aquilo que representava um ônus para o empregado demitido transforma-se em bônus. E, como alguém tem que pagar a conta, o bônus da "seleção a custo zero" transformou-se num ônus para a empresa. Ainda assim esta obtém vantagens, principalmente no fortalecimento da imagem, o que favorece a atração de profissionais competentes.

As mudanças ocorridas nas atividades envolvidas nos programas de recolocação de pessoal não retiraram duas características da responsabilidade e controle do empregado: perseverança e criatividade. Seja qual for o tempo que consideremos — passado, presente ou futuro —, elas são indispensáveis para quem quer ser um vencedor ante as adversidades, como:

- mercado recessivo;
- alterações e mudanças no mercado;
- competição profissional;
- desejo de mudança na trajetória profissional, que envolva troca de carreira.

Esteja você na posição de gestor, selecionador ou candidato, tudo o que fizer ou deixar de fazer contribuirá para o resultado a ser alcançado. Sua dedicação, seu interesse e a forma e o quanto você aplicar de suas competências determinarão o seu posicionamento e o da sua organização no universo profissional. Algumas ferramentas foram apresentadas, mas o artífice é você!

Conclusão

Como dissemos, a finalidade da atração e da seleção continua sendo buscar competências para as organizações, mas é preciso que nos dediquemos a fazê-lo com seriedade e respeito pelo ser humano, pois os níveis de exigência aumentaram, tanto para o candidato quanto para o selecionador.

As organizações sempre fizeram significativas mudanças em seus processos, geralmente envolvendo matérias-primas, máquinas, tecnologias, infraestrutura ou mesmo funções administrativas, na intenção de incrementar o lucro e diminuir o esforço humano. Tudo isso sempre foi e continuará sendo realizado, em grande parte, pelas pessoas.

Desde Hawthorne[11] — talvez o primeiro momento em que um gestor olhou além do que os músculos poderiam fazer para

---

[11] Cidade dos EUA onde o psicólogo industrial Elton Mayo desenvolveu uma experiência pioneira em gestão de pessoas, entre 1927 e 1932, com o objetivo de identificar os fatores que interferiam no desempenho dos trabalhadores da Western Electric Company, dando origem à teoria das relações humanas.

a organização — até recentemente, os processos, as máquinas, a tecnologia e as funções administrativas ainda eram vistos como prioridade sobre as pessoas. Historicamente, as pessoas eram consideradas itens descartáveis na cadeia produtiva. Em parte, sua abundância contribuiu para esta concepção.

Simultaneamente, ocorria uma luta desproporcional entre o capital e o trabalho. Embora o aumento do primeiro fosse consequência da amplitude do segundo, isso era obtido por meio de uma relação de dominância. O capital se apoderava das pessoas, às vezes mais do que de seus músculos, como se fossem partes removíveis e substituíveis, em qualquer fase do processo. Raras foram as exceções.

Era o que bastava. O homem sempre serviu de modelo para o homem, desde Adão. Ao ver que as exceções tinham um tratamento diferenciado, outros começaram a observar o que as diferenciava. Não foi difícil chegar à conclusão: as competências. E mais uma transformação começou a ocorrer, pois o capital foi perdendo em valor monetário e ganhando em valor intelectual.

Também o panorama atual e suas macrotendências são outros. Como vimos ao longo do livro, as pessoas vêm ganhando destaque na reflexão sobre a competitividade das organizações. A ênfase na competência, seja da organização seja dos indivíduos, ocupa uma posição central não só na gestão de pessoas como na gestão empresarial como um todo.

Para contratar pessoas e preencher cargos, as atividades tradicionais com seus padrões bastam. Para atrair competências, selecioná-las adequadamente e mantê-las motivadas para que possam gerar os resultados esperados, é indispensável que essas atividades sejam estrategicamente planejadas, eticamente praticadas e estejam alinhadas com a missão da organização.

Com este livro, imaginamos ter proporcionado a você a oportunidade de compreender como utilizar a atração e a seleção, ajustadas para essa nova fase da relação entre o homem e o seu trabalho. Mas, sobretudo, como dissemos inicialmente, esperamos ter conseguido sensibilizá-lo para uma mudança de atitude para com as práticas de atração e seleção. Estamos cansados dos discursos modernos, arrojados e vazios!

Discursos e práticas coerentes de atração e seleção de competências somente podem brotar do profundo e contínuo questionamento sobre as nossas crenças e os nossos valores sobre o papel das pessoas para a competitividade organizacional. Se não acreditarmos efetivamente que são as pessoas que fazem a diferença, os processos seletivos, a despeito de todo o discurso sofisticado que possa revesti-los, não passarão de uma mera formalidade burocrática.

Desejamos, então, ter conseguido confrontá-lo com suas crenças e seus valores, facilitando a formação de novas atitudes, socialmente responsáveis, para com as práticas de atração e seleção de pessoas.

Referências bibliográficas

ADLER, Lou. Performance profiles: the key to hiring the best. *Electronics Recruiting Exchange*, p. 1-4, 17 Jan. 2003.

ALBERONI, Francesco; VECA, Salvatore. *O altruísmo e a moral*. Rio de Janeiro: Rocco 1992.

ALMEIDA, Walnice. *Captação de talentos*. São Paulo: Atlas, 2004.

ANASTASI, Anne. *Testes psicológicos*. São Paulo: EPU, 1977.

BOHLANDER, George; SNELL, Scott; SHERMAN, Arthur. *Administração de recursos humanos*. São Paulo: Pioneira Thomson Learning, 2003.

BUENO, José. *Manual do selecionador de pessoal*: do planejamento à ação. São Paulo: LTr, 1995.

CARBONE, Pedro Paulo; BRANDÃO, Hugo Pena; LEITE, João Batista Diniz; VILHENA, Rosa Maria de Paula. *Gestão por competências* e *gestão do conhecimento*. Rio de Janeiro: FGV, 2005. (Publicações FGV Management, Série Gestão de Pessoas).

DANNA, Marilda F. ; MATOS, Maria A. *Ensinando observação*: uma introdução. 4. ed. São Paulo: Edicon, 1999.

DEMO, Pedro. *Educação e qualidade*. 2. ed. Campinas/SP: Papirus, 1995.

DUTRA, Joel S. *Competências*: conceitos e instrumentos para a gestão de pessoas na empresa moderna. São Paulo: Atlas, 2004.

ELIAZALDE, Luiz López-Yarto. *Dinámica de grupos. Cincuenta años después*. Bilbao: Editorial Desclée de Brouwer, 1997.

FAISSAL, Reinaldo. *A utilização da grafologia nos processos de seleção de pessoal*. 2002. 104 f. Dissertação (Mestrado) — Ebape/FGV, Rio de Janeiro, 2002.

FINNIGAN, John. *A pessoa certa no lugar certo*. São Paulo: Difel, 1974.

FIORELLI, José Omir. *Psicologia para administradores*: integrando teoria e prática. São Paulo: Atlas, 2004.

FLEURY, Afonso; FLEURY, Maria T. L. *Estratégias empresariais e formação de competências*: um quebra-cabeça caleidoscópico da indústria brasileira. São Paulo: Atlas, 2000.

GOSHAL, Sumantra C. B. *A organização individualizada*: talento e atitude como vantagem competitiva. Rio de Janeiro: Campus, 2000.

GRAMIGNA, Maria Rita. *Modelo de competência e gestão dos talentos*. São Paulo: Makron Books, 2002.

GREEN, Paul C. *Desenvolvendo competências consistentes*: como vincular sistemas de recursos humanos a estratégias organizacionais. Rio de Janeiro: Qualitymark, 1999.

JORNAL DO CONSELHO FEDERAL DE PSICOLOGIA. Ano 18, n. 77, fev. 2004. Suplemento especial: testes psicológicos.

KOSMINSKY, Flávio; CARNEIRO, Augusto; POMBO, José V. *Ampliando o capital de liderança e seu impacto no desempenho das empresas*. São Paulo: Korn/Ferry International, 26 jul. 2001. Disponível em: <www.kornferry.com.br/UPLOAD/informacao/artigos/ArtigoManagementAssessment.pdf>. Acesso em: 12 jul. 2004.

LACOMBE, Francisco J. M. *Dicionário de administração*. São Paulo: Saraiva, 2004.

LIEVEGOED, Bernard. *Fases da vida*: crises e desenvolvimento da individualidade. São Paulo: Antroposófica, 2002.

LODI, João Bosco. *Recrutamento de pessoal*. 6. ed. São Paulo: Pioneira, 1987.

LURIA, A. *Curso de psicologia geral*. 2. ed. Rio de Janeiro: Civilização Brasileira, 1991. v. 2.

MAILHIOT, Gérald B. *Dinâmica e gênese dos grupos*. 5. ed. São Paulo: Duas Cidades, 1981.

McLELAND, David C. Test for competence rather than intelligence. *American Psychologist*, Washington, DC n. 28, p. 1-4, 1973.

MENDONÇA, Márcia C. F. *Como reter talentos por meio de reconhecimento e recompensa*. 2002. 186 f. Dissertação (Mestrado) — Ebape/FGV, Rio de Janeiro, 2002.

MILKOVICH, George T.; BOUDREAU, John W. *Administração de recursos humanos*. São Paulo: Atlas, 2000.

MORENO, J. L. *Psicodrama*. Buenos Aires: Ediciones Hormé, 1972.

O'REILLY, Charles A. *Talentos ocultos*: como as melhores empresas obtêm resultados extraordinários com pessoas comuns. Rio de Janeiro: Campus, 2001.

PASTORE, José. *O desemprego tem cura?* São Paulo: Makron Books, 1998.

PONTES, B. R. *Planejamento, recrutamento e seleção de pessoal*. São Paulo: LTr, 1996.

PORTER, M. E. What's strategy? *Harvard Business Review*, v. 74, n. 6, p. 61-78, Nov./Dec. 1996.

PRAHALAD, C. K.; HAMEL, Gary. The core competence of the corporation. *Harvard Business Review*, Boston, p. 79-91, May/June 1990.

RABAGLIO, Maria Odete. *Seleção por competências*. São Paulo: Educator, 2001.

REIS, Valéria dos. *A entrevista de seleção com foco em competências comportamentais*. Rio de Janeiro: Qualitymark, 2003.

RESENDE, Enio J. *O livro das competências*. 2. ed. Rio de Janeiro: Qualitymark, 2003.

SAVIOLI, Nelson. *Carreira*: manual do proprietário. Rio de Janeiro: Qualitymark, 1991.

TAVARES, Maria das Graças Pinho. *Cultura organizacional*: uma abordagem antropológica da mudança. Rio de Janeiro: Qualitymark, 2002.

THOMPSON, James D.; TUDEN, Arthur. Strategies, structures and processes of organizational decision. In: THOMPSON, J. D. *Comparative studies in administration*. Pittsburgh: The University of Pittsburgh Press, 1959.

TREACY, M.; WIERSEMA, F. *The discipline of market leaders*. Reading: Addison-Wesley, 1995.

ULRICH, David. *Os campeões de recursos humanos*: inovando para obter os melhores resultados. São Paulo: Futura, 1998.

VÁZQUEZ, Adolfo S. *Ética*. Rio de Janeiro: Civilização Brasileira, 1985.

Os autores

Reinaldo Faissal

Mestre em gestão empresarial pela Ebape/FGV, especialista em docência superior pelo Instituto Superior de Estudos Pedagógicos (Isep) e bacharel em administração de empresas pela Federação das Faculdades Celso Lisboa. Diretor da Interface Profissional Ltda., com 30 anos de atuação em empresas nacionais e multinacionais. Possui formação em provas situacionais para seleção e em grafologia. Professor convidado da FVG.

Antônio Eugênio Valverde Mariani Passos

Mestre em psicologia pela Uerj, especialista em desenvolvimento de recursos humanos pela UFRJ e bacharel em psicologia pela UFBA. Sua experiência profissional inclui: chefia de seleção de pessoal da UniRio, psicólogo do Departamento de Recursos Humanos do Sesi-BA, analista de recursos humanos da Mesbla S.A. e pesquisa na área de técnicas de seleção. Professor convidado da FVG, professor-assistente do Curso de Graduação em Administração da UFRJ.

Márcia da C. Furtado de Mendonça

Mestre em gestão empresarial pela Ebape/FGV, especialista em psicologia do trabalho pela FGV, especialista em gestão de pessoas pela UFRJ/Coppead, bacharel em psicologia pela UFRJ e em administração de empresas pelo Centro Universitário Metodista Bennett. Participou de cursos e congressos no Brasil e no exterior. Tem 25 anos de experiência em gestão de recursos humanos, ocupando funções gerenciais em empresas privadas e estatal. Professora convidada da FGV. Consultora e instrutora de empresas. Foi diretora da ABRH/RJ (1989-91).

Walnice Maria da Costa de Almeida

Mestre em psicologia organizacional e social do trabalho pela Universidade de Brasília (UnB), especialista em planejamento, administração e desenvolvimento de recursos humanos pela Universidade Federal de Goiás (UFGO), especialista em jogos empresariais pelo Senai-DF, bacharel em psicologia pela UnB, professora convidada da FGV. Consultora na área de gestão de pessoas em empresas públicas e privadas.

Este livro foi impresso nas oficinas gráficas da Editora Vozes Ltda.,
Rua Frei Luís, 100 – Petrópolis, RJ.